O JARDIM DAS HESPÉRIDES

LAURA DE MELLO E SOUZA

O Jardim das Hespérides

*Minas e as visões do mundo natural
no século XVIII*

Companhia Das Letras

Copyright © 2022 by Laura de Mello e Souza

Grafia atualizada segundo o Acordo Ortográfico da Língua Portuguesa de 1990, que entrou em vigor no Brasil em 2009.

Capa e caderno de fotos
Raul Loureiro

Imagem de capa
Age Fotostock/ Easypix Brasil

Preparação
Osvaldo Tagliavini Filho

Índice onomástico
Probo Poletti

Revisão
Huendel Viana
Aminah Haman

Dados Internacionais de Catalogação na Publicação (CIP)
(Câmara Brasileira do Livro, SP, Brasil)

Souza, Laura de Mello e
O Jardim das Hespérides : Minas e as visões do mundo natural no século XVIII / Laura de Mello e Souza. — 1ª ed. — São Paulo : Companhia das Letras, 2022.

ISBN 978-65-5921-367-2

1. Minas Gerais – História – Século XVIII I. Título.

22-132351   CDD-981.51

Índice para catálogo sistemático:
1. Minas Gerais : História   981.51

Cibele Maria Dias – Bibliotecária – CRB-8/9427

[2022]
Todos os direitos desta edição reservados à
EDITORA SCHWARCZ S.A.
Rua Bandeira Paulista, 702, cj. 32
04532-002 — São Paulo — SP
Telefone: (11) 3707-3500
www.companhiadasletras.com.br
www.blogdacompanhia.com.br
facebook.com/companhiadasletras
instagram.com/companhiadasletras
twitter.com/cialetras

Para Dora, Maria Clara e Teresa,
meu jardim particular

Era o país das serranias impenetráveis, dos rios enormes, das riquezas minerais, das feras e dos monstros, uma espécie das Hespéridas antigas guardadas por dragões.

Diogo de Vasconcelos, *História antiga de Minas Gerais*

Sumário

Nota ao leitor 11
Introdução — Rumo ao Jardim 13

1. A dimensão mítica 19
2. A dimensão trágica 42
3. A dimensão prática 67
4. A dimensão afetiva 94
Epílogo — Mito, História, Paraíso perdido 119

Notas 137
Créditos das imagens 163
Índice onomástico 165

Nota ao leitor

Como este texto foi escrito ao longo de três décadas, as notas conservaram as referências das versões lidas na época da elaboração. É o caso de dissertações e teses consultadas da primeira vez nos seus exemplares datilografados ou datiloscritos, apesar de terem depois se publicado em editoras comerciais. É o caso também das fontes impressas, estampadas primeiramente em revistas como os *Anais da Biblioteca Nacional*, a *Revista do Arquivo Público Mineiro* ou a do Instituto Histórico e Geográfico Brasileiro. Isso aconteceu sobretudo com as *Memórias* e *Instruções* sobre Minas Gerais, que, quando consultei, não contavam com edições em livro. O mesmo ocorreu com fontes manuscritas, e o caso mais notório é o do *Códice Costa Matoso*, que só se publicou em 1999, numa edição cuidadosa, mas que consultei e anotei bem antes, a partir de um microfilme do exemplar existente na Biblioteca Mário de Andrade, depois por mim depositado na Biblioteca Florestan Fernandes da USP.

Havia primeiro pensado em atualizar tudo, mas achava-me fora do Brasil, sem acesso a essas publicações, confinada por conta da epidemia de covid-19. Aos poucos, convenci-me de que desejava deixar as marcas de um outro tempo, ou das camadas de tempo que atravessam este trabalho, bem como outros que escrevi, testemunhos de uma época em que os diferentes suportes eram muito menos acessíveis do que hoje e quando quase sempre era preciso vencer quilômetros, às vezes milhares deles, para ter acesso a arquivos e bibliotecas.

Entrego pois ao leitor um pouco do artesanato e do percurso fascinante que é o do pesquisador solitário e paciente, que tece seu argumento com pontinhos, como se fosse uma tapeçaria. Esse tipo de trabalho, lento e minucioso, foi criticado pelos historiadores da primeira geração dos *Annales* e por mim mesma quando estudante, como se fosse incompatível com a história mais analítica. Voltei atrás e hoje o vejo como quase sagrado. Os pioneiros dos *Annales* — sobretudo Lucien Febvre — talvez também revissem hoje suas posições militantes, se aqui estivessem, passando a considerar a lentidão e a paciência como outra forma de militância. Ao mesmo tempo que, a cavaleiro de dois tempos, bendiriam, como nós, o outro lado da moeda: o que nos disponibiliza, num clique de mouse, acervos documentais e bibliográficos espalhados pelos quatro cantos do mundo, desenrolando-os sobre a superfície luminosa da tela do computador.

São Paulo, setembro de 2022

Introdução

Rumo ao Jardim

Escrito pela primeira vez entre 1989 e 1994, este trabalho teve até agora versões sem conta. Inicialmente, elas não ultrapassavam umas vinte páginas, e foram apresentadas numa das efemérides em torno do bicentenário da Inconfidência Mineira, na Escola de Minas de Ouro Preto. Nos anos seguintes, e até 1994, as versões se sucederam em virtude dos cursos de pós-graduação em que as apresentei, a cada ano maiores e mais detalhadas, porque continuava a me interessar pelo assunto, lendo a bibliografia e colecionando referências documentais. Quando pensava em publicar o trabalho, havia o dilema do tamanho: grande demais para ser artigo, muito pequeno para ser livro.

Outros trabalhos ocuparam o lugar deste, publicaram-se, a vida correu. Fui me convencendo de que o texto não tinha futuro, não interessava após tantos livros bons e importantes publicados nas últimas décadas sobre Minas Gerais na época colonial. Em 2014 aposentei-me na minha universidade de origem, a USP, comecei nova carreira e atravessei o oceano com uma versão do texto na bagagem, em papel. Um dia, não me lembro se em 2016 ou mesmo depois, assistindo a um belo seminário sobre a Transamazônica numa das sessões promovidas pela Association pour la Recherche sur le Brésil en Europe (Arbre), tive saudade do meu velho texto, e falei dele a Antoine Acker, um dos expositores da tarde, jovem amigo especialista em história ambiental. Antoine teve curiosidade em espiá-lo, e eu o acabei enviando após me desculpar de antemão pelo tanto que o conteúdo envelhecera. Dias depois, ele me escreveu sugerindo que eu o publicasse, passando-me generosamente várias referências recentes sobre o assunto.

Não houve tempo nem energia para dar conta de tudo, mas o pouco que li me conduziu de volta ao tema e ressuscitou o interesse por ele. Apresentei o velho texto mais três vezes, como para me certificar se de fato valeria a pena o investimento: no meu seminário da Sorbonne, no que dirijo com colegas da École des Hautes Études en Sciences Sociales (EHESS) e no grupo de trabalho que Gregorio Salinero, de Paris-Panthéon, reúne anualmente na Villa Finaly, em Florença. Ante a boa receptividade, decidi-me por tirá-lo da gaveta, reescrevê-lo e atualizá-lo no que fosse possível.

Ao longo desses anos, o texto foi meticulosamente construído sobre uma quantidade considerável de fontes primárias, das quais muitas vezes tomei não apenas as expressões, transcrevendo-as, como também o ritmo e a estrutura da narrativa, que parafraseei. Quis, assim, transmitir a atmosfera mental dos sujeitos históricos que registraram suas concepções acerca do meio natural, enfatizando sobretudo as sensibilidades e as emoções, dividindo-as em quatro blocos, a bem da verdade quatro categorias que expressassem modos de apreender um mundo que se ia devassando à ocupação. Pensei-as como interligadas, interdependentes, concomitantes, e não como sequentes, apesar de as apresentar cada uma a seu tempo: procurei, em suma, trabalhar simultaneamente na diacronia e na sincronia. Há, portanto, uma opção teórica que penso ser clara, mas pouca, se alguma, discussão bibliográfica ou mais especificamente historiográfica: o tecido do texto são as fontes primárias, boa parte manuscritas, algumas inéditas até o momento em que cheguei a elas, como as que se referem à conquista do Cuieté.

Havendo deliberadamente valorizado fontes primárias, a escolha do título norteou-se contudo por certa passagem, a meu ver significativa, de uma das obras fundadoras da historiografia mineira, a *História antiga de Minas Gerais*, de Diogo de Vasconcelos (1843-1927), publicada pela primeira vez em 1904 e desde então leitura obrigatória para os estudiosos de Minas. Historiador à moda do século XIX, obcecado por documentos e fatos e imbuído da certeza de que a História constitui conhecimento científico, Diogo de Vasconcelos recorre a um mito clássico em momento estratégico do livro, ao explicar a gênese e o significado das primeiras denominações atribuídas ao território, enfatizando seu caráter específico em detrimento do mais genérico. Diz esse historiador, saudado em 1927 por Francisco Campos como "o Heródoto mineiro",[1] que, conforme se moviam território adentro, "os aventureiros iam denominando os principais sítios do caminho": "Denominação geral, que se desse ao território, nenhuma houve; eis que dominações gerais também faltaram, e nem os índios demoravam-se nas regiões o tempo necessário para perpetuarem o nome de seus efêmeros reinos".[2]

De fato, só bem mais tarde a região se chamou Minas Gerais, quando a dominação — e o *domínio* — se estendeu sobre as particularidades, articulando-as e deixando para trás "a profunda da noite, que se tinha por eterna" e na qual se achavam mergulhados os sertões. Espalhando-se, os pequenos focos de povoamento deixaram "entreluzir os albores da madrugada, que precedeu o grande dia verdadeiro e histórico das Minas Gerais".[3]

Nos primeiros tempos, os desses "albores", vigoraram três denominações, identificáveis a três zonas distintas: a do sertão do

Cataguá, que corria da Mantiqueira à serra da Borda do Campo, correspondente à bacia do rio Grande e "coberta de campos e matos alternados"; a seguir, a da zona dos campos, conhecida como Congonhas, correndo da serra da Borda a Itatiaia, a mais bela de todas, "coberta de campos, com pequenas falhas de mato enfezado"; por fim, vinha a do sertão do Caeté, "matos sem mistura alguma de campo".[4]

Entre a noite do sertão, quando só indígenas povoavam o território, e o alvorecer representado pela chegada dos aventureiros — colonos brancos, ou mamelucos bem adaptados ao mundo dos colonizadores brancos —, Diogo de Vasconcelos introduz a passagem que aqui interessa, em que qualifica o sertão do Caeté: "Era o país das serranias impenetráveis, dos rios enormes, das riquezas minerais, das feras e dos monstros, uma espécie das Hespérides antigas guardadas por dragões".[5]

No devido tempo, voltarei à eficácia simbólica do Jardim das Hespérides no tocante ao entrecruzamento de Mito e História. Por ora, cabe apenas lembrar que constou, na Antiguidade clássica, no rol dos trabalhos de Hércules, o 12º,[6] e que tal jardim se localizava em lugar longínquo e impreciso. Nele havia uma árvore que produzia pomos de ouro e ali habitavam as Hespérides, que descendiam de Atlas. Para garantir que ninguém tocasse nos frutos, os deuses haviam confiado a guarda do horto a uma serpente ou dragão, o monstro variando conforme as versões. Hércules, herói civilizador, conseguiu driblar os obstáculos, matar a fera e, cumprindo a determinação principal imposta pelo trabalho, colher os pomos e levá-los ao rei Euristeu. O espaço fechado e mítico do jardim foi assim incorporado ao espaço helênico, e a *civilização* levou a melhor sobre a *barbárie*.

O assunto que escolhi e a maneira como o abordei partem de concepções que se avizinham da esfera mítica. É este o caso da tradição muito antiga em torno da existência de um paraíso terrestre que o avanço da ação humana empurra para espaços mais distantes ou indevassados, e, de certa forma, também aquela segundo a qual a natureza virgem e ainda incontrolável é hostil, ameaçadora e trágica, condição à qual fora reduzida pela queda de nossos primeiros pais. Uma vez que a mão humana a toca e transforma, subjuga-a e a controla por meio da ação sistemática e racional, adentra-se, contudo, no âmbito da História, estreita-se o vínculo entre aqueles que ultrapassaram os limites impostos pelo mundo selvagem e o produto do seu esforço, a natureza sendo afinal transformada em horto ou jardim. O afeto é a expressão do vínculo assim estabelecido, e o amor pela natureza sublima a catástrofe da queda inicial.

Entre o Mito e a História, este trabalho percorre quatro dimensões que pontuaram a ocupação do território de Minas Gerais no século XVIII: a mítica, a trágica, a prática, a afetiva. Através de caminhos que talvez nem sempre se mostrem evidentes, procura inclusive contribuir — sem que seja este o objetivo principal — à compreensão do papel que as sensibilidades e o imaginário possam ter desempenhado na constituição de uma nova forma com que os luso-brasileiros das Minas passaram a ver a ação política.

O devassamento do jardim mítico dos inícios possibilitou o *amor da pátria*, entendido no sentido que lhe dava o século XVIII: o de espaço local. Amor de poucos, e para poucos, é preciso lembrar, mesmo que, por enquanto, tal aspecto deva ser deixado de lado, cabendo ressaltar o fato de nunca ter desaparecido do horizonte o mito dos primórdios paradisíacos.

A nostalgia dos primórdios míticos encontra-se surpreendentemente viva nos dias que correm. Como se pôde chegar à destruição presente? Por que se permitiu incúria e imprevidência tamanhas? A produção mais recente sobre história ambiental sugere que a consciência da catástrofe nunca deixou de andar ao lado do devassamento da natureza. Sobrevivência e catástrofe, mitificação e tragédia, devaneio e senso prático estiveram juntos na forma de lidar com as dádivas e os óbices apresentados pelo mundo natural, e os homens, ontem e hoje, sempre souberam que era assim. Questões difíceis de entender, mas que é preciso enfrentar.

É o que procuro fazer neste pequeno livro, dentro de meus limites e à minha maneira.

1. A dimensão mítica

del abismo vió el profundo,
del profundo el paraíso,
del paraíso vió el mundo,
del mundo vió quanto quiso.

Gil Vicente

Diversos autores ressaltaram o papel dos mitos edênicos na descoberta e no povoamento do Novo Mundo. Um entre muitos outros, o do Eldorado ganhou impulso na América a partir da descoberta de Potosi pelos espanhóis, em 1545, passando desde então a funcionar como estímulo para as práticas e imaginações lusitanas. No que diz respeito à configuração mítico-geográfica das Minas, o impacto do descoberto no Peru parece inegável, e há que considerá-lo quando se avaliam fatos concretos, mensuráveis e quantificáveis, como o deslocamento populacional operado na época. Deixe-se de lado a existência da conjuntura econômica propícia a uma nova atividade mercantil, pois no final do século xvii a lavoura canavieira do litoral passava por período de retração, e considere-se que, atraídas pelos relatos de riquezas fabulosas, levas de gente corriam para os sertões das Gerais. Das 10 mil pessoas que deixaram Portugal entre 1700 e 1706, a maioria rumava para Minas. Nos fins do século xvi, estimara-se haver no Brasil 14 mil escravizados africanos — número igual ao dos que, após onze anos de povoamento, trabalhavam nas lavras mineiras! Por volta de 1710, a população total da capitania seria de aproximadamente 50 mil habitantes.

O marco inicial na constituição do espaço das Minas Gerais teria sido, segundo a maioria dos estudiosos, a bandeira de Fernão Dias Pais, em 1674. O sertanista de São Paulo investiu tudo quanto tinha, todos os seus bens, no sonho de descobrir jazidas de esmeraldas: a lendária serra de Sabarabuçu, de que já falavam os primeiros cronistas da colonização. São Paulo era, na época, uma capitania pouco significativa para a economia da colônia. Com subvenção oficial modesta, o sertanista equipou às próprias custas uma expedição que, durante simbólicos sete anos, vagou sem sucesso pelos sertões das Gerais, cruzando o rio das Velhas e atingindo o Jequitinhonha. As esmeraldas "que matavam/ de esperança e febre/ e nunca se achavam" mostraram ser, uma vez encontradas, "verde engano": meras turmalinas, simulacro das procuradas pedras preciosas.[1] Mas nem tudo se dissolveu na ilusão edênica da serra de Sabarabuçu, e houve um lado bastante pragmático na expedição de Fernão Dias: além do empenho com que a idealizou, com o objetivo nítido de habilitar-se para outros serviços reais e alcançar remuneração vantajosa, estabeleceram-se picadas, trilhas, caminhos e roças pelos sertões, que daí em diante deixaram de ser virgens. Perpetuados pela tradição oral, tais pontos tornaram-se cardeais para os sertanistas posteriores, integrando roteiros que se rabiscavam ou se murmuravam de pai a filho.[2]

A saga de Fernão Dias Pais e sua bandeira atrela ao mito a história do espaço das Minas Gerais. Desde os primeiros tempos da presença europeia na América do Sul, as pedras e os metais preciosos atraíram aventureiros território adentro. Em vez de pedras, como lembrou Sérgio Buarque de Holanda, os primeiros caçadores de esmeraldas encontraram ouro, e desde então as gemas verdes e o metal louro estiveram juntos nas imaginações. Se os aventureiros não retornaram com as riquezas cobiçadas, as andanças colheram rumores correntes entre indígenas e acabaram por contribuir ao adensamento da "geografia mítica dos sertões orientais". Não tardou para que se divulgasse que o Peru ficava próximo, "quase devia confinar com o São Francisco".[3]

Da mesma forma, foi no meado do século XVI, numa época em que a geografia não hesitava em recorrer ao universo simbólico, que mapas portugueses se alimentaram de rumores e quimeras, encurtando distâncias e manipulando dimensões em nome de maior eficácia persuasória, ilustrando o impacto que os elementos do imaginário podiam ter sobre desígnios de ordem prática. Sugeriam que, partindo da costa atlântica e rumando continente adentro, o aventureiro que se dispusesse a vencer as cadeias montanhosas do Mar e da Mantiqueira atingiria sem muito esforço regiões vizinhas ao cerro de Potosi, como a lendária Sabarabuçu. E foram portugueses os primeiros a cortar matos e galgar serras à procura de prata, como Aleixo Garcia e outros que o seguiram, e que para Sérgio Buarque de Holanda buscavam o Peru no interior do Brasil.[4] Por considerável que fosse o poder de atração e ordenação desempenhado pelas concepções míticas, certo espírito prático e desencantado atenuava-o: as "atenuações plausíveis" tão caras ao autor de *Visão do Paraíso*. Não se tratava, como ponderou Andréa Doré, de "esperar esperando", mas de "ter esperanças e agir em função delas, realizando-as por meio da experiência".[5]

Sabarabuçu seria representada pela primeira vez em 1688, no atlas de Coronelli, onde, junto à serra, desenhava-se também a lagoa de Vupabuçu. Menos de cinco anos depois, os primeiros descobertos de ouro seriam oficialmente divulgados à Coroa portuguesa, cumprindo-se a promessa de riqueza ou se tornando realidade o que até então fora relato mítico: entre 1597 e 1612, o mapa de João Baptista Lavanha e de Luís Teixeira já havia representado tais supostos achados entre o rio Paraná e a costa atlântica, na mesma latitude de Potosi, e João Teixeira Albernaz os pusera na sua carta de 1627, designando por escrito a região do Peru como "minas de ouro" e as do Brasil como "serra das esmeraldas".[6] Se a natureza dos tesouros era então incerta e intercambiável — afinal, havia prata e não ouro em Potosi, e esmeraldas, se as houve em Minas, não se acharam naquela época —, a sua realidade não mais era posta em dúvida antes mesmo que se tornasse visível aos olhos.

Foi assim, sob o primado do mito, que Minas se configurou como espaço dotado de unidade interna. Outras regiões mineradoras surgiriam sob o impacto de formulações análogas, como foi o caso de Goiás, onde as visões sobre uma serra maravilhosa criaram tradição que se perpetuou por mais de uma geração de entrantes paulistas: a da serra dos Martírios, onde se divisariam, com nitidez, a coroa, a lança e os cravos da Paixão, ou martírio de Cristo. Coeva às primeiras entradas, uma das versões possíveis sobre o nome com que se batizou o acidente geográfico imaginário rezava que se vislumbrara próximo a um rio uma colina com "pedras soltas e elevadas, umas configurando colunas, outras escadas, e outras, coroas".[7]

A serra dos Martírios assombrou as imaginações juvenis de Antônio Pires de Campos e de Bartolomeu Bueno da Silva, o Moço, quando, ainda meninos, entraram pelos matos com os parentes mais velhos e fixaram, maravilhados, a visão da serra divisada ao longe.[8] Sem abandoná-los mais — educados pelo sertão, no dizer

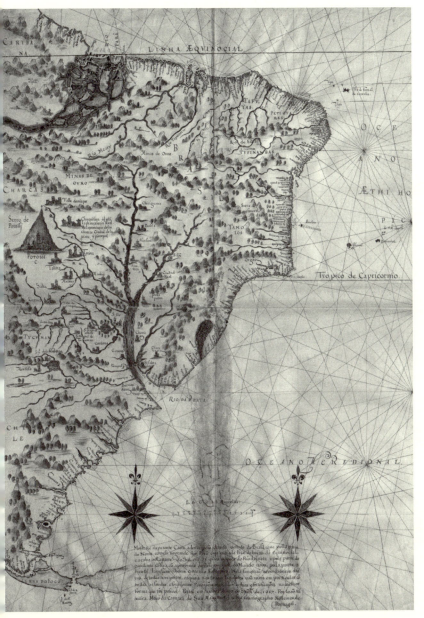

João Teixeira Albernaz, 1627. Em destaque, a montanha de Potosi, conforme análise de Andréa Doré em Cartografia da promessa: Potosi e o Brasil em um continente chamado Peruana, p. 132. [Este e os demais mapas distribuídos ao longo do texto estão reproduzidos em cores no caderno de imagens.]

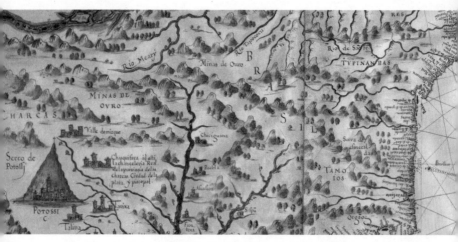

Detalhe em que se veem o "Serro de Potossi" (ou "minas de ouro") e, a oeste, a "serra das esmeraldas".

de um historiador —, a aparição fantástica fez com que, anos mais tarde, voltassem ao mesmo sertão, respectivamente em 1716 e em 1722, e lançassem as bases dos descobertos futuros de Mato Grosso e Goiás. Tais miragens teriam, para alguns, embasamento no mundo real: as regiões mineiras seriam ricas em mica, ou malacacheta, que, brilhando no chão das grutas, nos ornatos indígenas ou na própria pele dos nativos, faria as vezes do ouro aos olhos dos desbravadores.[9] O mesmo se daria com o ferro especular, semelhante à prata, diverso da "pedra de ferro" conhecida dos paulistas e muito abundante nas cercanias de Sabarabuçu: mais resistente à erosão, o minério aflorava nas cumeadas das serras, desenhando a crista de muitos espigões mineiros e definindo-lhes o nome: Itaverava, a pedra que brilha, foi marco em vários roteiros das Minas.[10] Quando já iniciava o século XIX, Vieira Couto, homem de ciência, retomaria o mito edênico em chave pragmática:

Vi rochas inteiras, montes inteiros, serranias inteiras, que não se formavam senão unicamente destas mesmas minas. Caminhava por espaço de léguas e o chão não era outra coisa senão um lastro continuado de cobres. [...] E tudo sobre que pisavam os cavalos, tudo era cobre sem mistura de terra ou outra pedra.

Perto de Catas Altas, encontrou tanto cobre no chão que o tropel dos cavalos ferrados provocava, no atrito com ele, um tinido incômodo, parecendo que caminhavam "sobre uma chapa de ferro".[11]

A imaginação febril de meninos entrantes é uma espécie de *topos* presente em vários relatos sobre descobertos auríferos, tanto nos primeiros tempos quanto depois, na época das "edenizações tardias". Um dos exemplos mais importantes remonta aos primórdios, quando Garcia Rodrigues Pais, menino entre os treze e catorze anos, acompanhou a bandeira mítica do pai, Fernão Dias Pais. Já adulto, em 1717, Garcia Rodrigues levaria também consigo um dos filhos, e essa prática atestaria, para mais de um historiador, o caráter de empresa familiar que então tinham as entradas pelo sertão.[12]

Efetivada por volta de 1746, quando a fronteira interna da capitania se alargava em direção a Goiás, a oeste, e ao Espírito Santo, a leste, a conquista do Cuieté também iria se inscrever no âmbito mirífico dos Martírios e de Sabarabuçu. Acompanhando o pai, que era alcaide-mor, o menino Pedro de Camargos cortara sertões e sulcara os rios próximos ao Doce, em terras ainda cobertas de mata virgem e assoladas pelo "gentio bravo". Voltando mais tarde, já adulto, descobriu "vários ribeirões com demonstrações de ouro, e alguma utilidade", o que lhe pareceu suficiente para tornar público o descoberto. Um relato anônimo do *Códice Costa Matoso* atribui o pouco rendimento inicial da faina aurífera aos botocudos, mas concede também espaço à explicação sobrenatural: Deus reservara maiores sucessos para o governo de d. José I, quando o achado do Cuieté se somaria a outro, seu contemporâneo, o do sertão da Casa da Casca. Não explorada de forma sistemática até os anos 1760, parece plausível que aquela região fronteiriça recebesse reforço mítico quando, já no contexto do esgotamento da atividade mineradora, cumulavam-se esforços para prolongar sua exploração: reedenizava-se, pois, para explorar.[13]

Essa *edenização tardia* repetiu-se de forma impressionante nas situações de fronteira, na expansão e no desenho do espaço interno das Minas em toda a sua amplitude, nas buscas realizadas quando de sua decadência.[14] Tal fenômeno desmente a afirmação de que, ao se colonizar, desintegrava-se a concepção edênica das regiões americanas: ele indica a permanência, na longa duração, de atitudes análogas às de Gandavo, propagandista edenizador dos primeiros tempos da colônia, e sugere que os bolsões de mitificação podiam ficar adormecidos para, em momento oportuno, reeditarem-se e se readaptarem, originando novos arranjos mentais, mas atestando, por outro lado, a longa respiração dos fenômenos de mentalidade.

O caso do descoberto do Cuieté e o episódio da aventura infantil no sertão, depois repetido na idade adulta, sugerem a existência de *mitos fundadores* na constituição do espaço interno das Minas, a virtualidade do Eldorado achando-se com frequência presente, mesmo se nem sempre de modo explícito. Sem aludir a meninos-heróis, outros relatos reproduzem, tardiamente, a imagem do Eldorado, e o governo do conde de Valadares (1768-73) parece ter sido um momento especial nesse processo. No relato de Antônio Cardoso de Souza — um dos tantos escritos produzidos no período, quando o governador procurava ampliar a esfera da exploração da capitania para além da atividade mineradora — acerca de suas atividades no sertão do Cuieté, ao lado da esperança de grandes riquezas no rio Japoranã, aparece a informação de que, na época, muita gente asseverava existir, próximo ao rio, uma serra de esmeraldas.[15] Com base em roteiros antigos — e provavelmente impregnados de elementos míticos —, insistiu-se, então, na busca de novos descobertos auríferos. De Paracatu partiram bandeiras em 1770, e no ano seguinte foi a vez de uma expedição que deixou Pitangui municiada às custas dos moradores e dirigida para minas que se presumia serem riquíssimas. A gente vinda de Paracatu moveu explorações inúteis e retornou meses depois, sem sucesso. Já os entrantes de Pitangui fizeram roças, ranchos e monjolos nas adjacências do ribeirão do Esmeril e dos Pavões, passando então a capturar negros fugidos que inquietavam a região. Prenderam cinquenta negros, alguns dos quais "crioulos mancebos por se batizarem", e os devolveram aos donos, em Paracatu; exploraram as vertentes do rio das Velhas, os leitos do Paranaíba e Dourados, e descobriram naquelas paragens "minas de ouro de mediana riqueza". Misto curioso de mitificação tardia e de pragmatismo exploratório, a bandeira, comandada sem ajuda de custo por Inácio de Oliveira Campos, retornou do sertão em inícios de 1773 "com a notícia de ser essa região por ele reconhecida não só abundante de minas de ouro, mas fértil, salubre e rodeada de pastagens e lagoas, e bebedouros para a criação do gado".[16] Se a edenização aventurosa ainda persistia, ia sendo aos poucos eclipsada pela perspectiva da atividade econômica sistemática, tributária da ótica moderna do trabalho.[17]

Sempre no governo do conde de Valadares, vasculhou-se igualmente, com base em roteiros, a região oposta, nas imediações do rio Doce e para os lados da capitania do Espírito Santo: Quadrilheira, Manhuaçu, Santo Estêvão, São Mateus. O capitão-regente do Cuieté sugerira que o rio deste nome fosse examinado, julgando-o "umas segundas Minas, pela preciosidade que há notícia nele se encerra".[18] A ideia de que grandes riquezas estavam prestes a se revelar aos colonos e às autoridades administrativas portuguesas tem cunho providencialista: lembre-se o trecho acima invocado, dos desígnios divinos determinando que o descoberto do Cuieté ficasse oculto até se desvendarem os achados da Casa da Casca, ambos sendo ventilados ao mesmo tempo.

Formulações semelhantes podem ser detectadas no imaginário de ilustrados como Cláudio Manuel da Costa ou Alvarenga Peixoto. Para o primeiro, quando o pico do Itacolomi se desvenda a Garcia Rodrigues Pais, o providencialismo de cunho católico fica curiosamente encoberto pela utilização deliberada que o poeta faz dos mitos indígenas. Assim, o Curupira guarda tesouros para só revelá-los no momento azado, que, na passagem, é o da chegada de Garcia Rodrigues, na pele do "herói civilizador":

> *Por muitos anos sei, como ignorada*
> *Foi aos humanos esta serra: agora*
> *A têm tentado alguns, e nela mora*
> *Um corpo de europeus, a quem oculto*
> *Tenho ainda os tesouros, que sepulto.*
> *Permite o Céu que sejas o primeiro*
> *A quem eu patenteie por inteiro*
> *Todo o segredo das riquezas minhas,*
> *Já desde quando no projeto vinhas*
> *De encontrar as preciosas esmeraldas,*
> *Eu te esperava deste monte às faldas.*
> *O Deus destes tesouros impedia*
> *Até aqui descobri-los, e fingia*
> *Meu rosto aos homens tão escuro e feio*
> *Por que infundisse em todos o receio.*[19]

Já no "Canto genetlíaco" de Alvarenga Peixoto, o providencialismo, menos evidente, cede lugar à ideia de que a aparência é ilusória: assim como o estatuto colonial escamoteia a importância incontestável das conquistas ultramarinas na economia do Império Português e justifica a continuidade da dominação, as serras, que se mostram feias, encerram riquezas capazes de atender às dificuldades por que passa a monarquia portuguesa, sempre em busca de uma neutralidade política cada vez mais impossível no contexto conturbado e belicista da época:

Aquelas serras na aparência feias
— Dirá José — Oh! Quanto são formosas!
Elas conservam nas ocultas veias
A força das potências majestosas;
Têm as ricas entranhas todas cheias
De prata e ouro, e pedras preciosas;
Aquelas brutas e escalvadas serras
Fazem as pazes, dão calor às guerras.[20]

Riquezas ocultas deveriam pois ser arrancadas do seio misterioso da terra que, por fora, enganava com a aparência desolada e dura. Dispondo sobre o Cuieté no final da década de 1770, d. Antônio de Noronha (governador da capitania entre 1775 e 1780) dizia que os rios e ribeirões próximos ao Doce *prometiam* grandes riquezas nas suas cabeceiras, acrescentando: "E para que se *desentranhe o ouro do sertão*, tenho mandado repartir as terras dele".[21] Entusiasta da conquista, d. Antônio escrevia ao marquês de Angeja sugerindo que se chamasse "a todo aquele território o Tesouro do Cuieté, no lugar de Nova Conquista".[22] Assentava suas esperanças em tradição oral vastamente difundida por meio de rumores que alardeavam ser a Conquista "cortada de imensos rios, córregos, e ribeirões todos riquíssimos".[23]

No universo de conflitos latentes tão próprio à sociedade colonial escravista, a edenização tardia amiúde carregava consigo episódios de violência. Por volta da década de 1770, descobriu-se na região de Sabará "grande mancha de ouro nas lavras do capitão Felix Pereira da Silva", e a elas acorreu gente de toda parte. Aventureiros entraram nas catas à força, trabalhando tumultuosamente e vendo-se às voltas com a escolta expedida pelo governador da capitania.

Era notável, então, o fascínio exercido por gemas preciosas. Diamantes, por exemplo, eram monopólio régio, sujeitos à exploração sistemática e ordenada, mencionados num sem-número de cartas trocadas entre as autoridades locais e a Metrópole. No âmbito do espírito prático que dominava mais e mais a administração régia, é possível contudo perceber a persistência do imaginário maravilhoso, presente inclusive no comprazimento em detalhar as dimensões extraordinárias das gemas achadas, exageradas, talvez, no tamanho real: "Eu devo dar a Vossa Excelência o parabem [sic] da felicidade de descobrir nessa capital a sua incomparável vigilância o maior diamante de que até o presente há notícia na Europa, e cuido que em todo o mundo", escrevia Manuel Caetano Monteiro Guedes ao conde de Valadares em 1770, advertindo, porém, que tais sucessos não raro se faziam acompanhar de ocorrências funestas, pois uma pedra de porte considerável se partira, anteriormente, no Serro do Frio.[24]

Os diamantes invocavam um outro espaço mítico, o do Oriente opulento e riquíssimo, permitindo ao Império Português que, ao voltar-se para os sertões interiores da América, compensasse, com os segredos ocultos em suas entranhas, as perdas sentidas nas possessões levantinas. Ao dar envergadura mítica ao pico do Itacolomi, chamado por ele de Itamonte, Cláudio Manuel da Costa se apropriou do mito das riquezas orientais, transmigrando-o para Minas:

[...] *vês os diamantes:*
Eles vêm de outras serras mais distantes,
Mas tudo corre a encher os meus tesouros.
Hão de brilhar os séculos vindouros
Com esta fina pedra; em abundância
Vencerão os que vêm de outra distância,
E do Indo será menor a glória
Quando vir apagar sua memória
Nas terras onde o Sol iguala o dia,
Do meu Jequitinhonha [...].[25]

O apreço pelos diamantes dava continuidade à fascinação por pedras preciosas que, desde a época de Fernão Dias Pais, o "Caçador de Esmeraldas", mobilizava o imaginário dos sertanistas. Referências a sua profusão aparecem ao longo de todo o século XVIII: "esmeraldas, mármores, jaspes, cristais, ametistas e topázios" como os vistos pelo médico Rodrigues Abreu no Serro do Frio, em data incerta da primeira metade do século XVIII, atestando as maravilhas de uma natureza pródiga em tesouros. Natureza que oferecia também o ouro à flor da terra, bastando, para obtê-lo, sacudir as raízes das gramíneas "que naquele país se chamam capim".[26]

O papel mítico-religioso que o sertão podia assumir nas imaginações setecentistas era um outro desdobramento da edenização tardia. Sobre os limites entre Minas e Bahia, há uma narrativa anônima que, de forma estranha e enigmática, relata ocorrências havidas no fim do século XVII ou bem no início do XVIII: as andanças pelo sertão, em túnica e cilícios, de um eremita que portava no peito duas imagens, uma da Virgem e outra de Cristo. Nas margens do São Francisco, distante duzentas léguas da povoação mais próxima, o eremita deu com uma "dilatada penha" medindo de circunferência um quarto de légua, e "nela achou uma lapa com natural estrutura em forma de um templo", com capela-mor e colaterais, cruzeiro, abóboda, colunas, terraço sobre o rio, representação do Monte Calvário e, prodígio dentre os prodígios, sino e árvores de brilhantes. O eremita deixou-se ficar por lá alguns anos; tempos depois, d. Sebastião Monteiro da Vide, arcebispo da Bahia, visitou o local e se deslumbrou com o templo, passando a lhe dedicar atenção. Ordenando-se sacerdote, o eremita misterioso foi encarregado de cuidar do templo até o fim da vida: maravilha da natureza sobre a qual Deus imprimira sua presença divina, como aliás fizera em outras esferas do mundo natural, bastando aqui lembrar os instrumentos da Paixão de Cristo presentes no maracujá.[27]

O sertão do São Francisco continuou por muito tempo ocupando o espaço mítico que lhe fora atribuído no final do século XVII: a oito dias de viagem de Moritiba, rumando para o ocidente, mineiros vindos das Gerais descobriram em 1748 um templo subterrâneo, do qual até então nunca se tivera notícia, com colunas de pedra muito clara e lustrosa, e imagem sagrada desprovida de cabeça. Seria o mesmo local, então transformado pela imaginação popular e pelos relatos orais que, através dos anos, lhe teriam mudado os atributos?[28]

Nos domínios do sertão vasto e enigmático ocultavam-se ainda maravilhas curativas. Dentre a miscelânea que integra o *Códice Costa Matoso*, certo documento faz pensar na existência de uma tradição de curas sertanejas, desconhecida dos médicos da Corte. Refere-se à caridade e ao exercício prático da medicina a que, nas brenhas, se dedicava o capitão Salvador de Faria Albernoz, natural de Taubaté e "homem dos principais dela": "Socorria naqueles desertos a muitos pobres, e enfermos carecidos de remédios, de que ele andava sempre bem provido além das ervas, e raízes para vários achaques da natureza humana, que cria esta misteriosa terra, de que ele tinha conhecimento".[29]

Este tipo de remédio contava ainda com a adesão de homens em nada rústicos, originários de outro meio, como os governantes lusitanos que serviam na colônia. Em 23 de agosto de 1766, Luís Diogo Lobo da Silva (1763-8) escrevia de Minas ao colega que governava a capitania vizinha de São Paulo, Luís Antônio de Sousa Botelho Mourão, morgado de Mateus, e o aconselhava a tratar da saúde "da mesma sorte que a plebe": com remédios sertanejos, cuja eficácia ele mesmo constatara ao utilizá-los, restabelecendo-se após "ter quase morrido nas mãos da medicina".[30]

Sempre no sertão, a entrada de Inácio Correia Pamplona deparou com maravilhas naturais capazes de trazerem alívio às doenças: encantou-se com uma fonte de água rica em sal ou salitre, responsável tanto pelas purgas abundantes verificadas nos cavalos quanto pela cicatrização das feridas que com elas lavou. A notícia de seus poderes milagrosos logo se difundiu entre os homens da expedição.

Ocorrido em meados do século XVIII e revestido de cores já científicas, o descobrimento da *prodigiosa lagoa* "nas Congonhas das Minas do Sabará" contém, da mesma forma, elementos míticos associados às curas maravilhosas.[31] Como os sítios do sertão do São Francisco mencionados acima, a lagoa integrava um espaço conservado oculto pela mão de Deus, que, subitamente, decidira tornar conhecida a sua criação. As águas da chuva não se misturavam com as da lagoa, "nem o sangue, nem sabão com elas se unem". De tão cristalinas, divisava-se-lhe o fundo, as partes escalvadas ou cheias de ervas verdes, as formações "de barro de cor amarela tirante a alambreado queimado". Ao contrário do comum das lagoas, esta, ímpar, não atraía nas margens as várias espécies de aves que frequentavam as demais, e em suas imediações tampouco se viam as moscas e os mosquitos tão comuns junto a águas calmas. Mas era aprazível e vistosa, cercada por matinhos e baixios, e contava com cinco castas de peixes: perumbebas, bicudas, traíras, lambaris e piabas. Capaz de curar inúmeras doenças e servir de observatório privilegiado para a curiosidade científica de médicos e cirurgiões, suas virtudes terapêuticas não se esgotavam em explicações racionais, cabendo, mais uma vez, a justificação mítico-religiosa. Para os enfermos que ela reconduzira à saúde, diz o autor do opúsculo, seu descoberto fora "um dos maiores tesouros que a Divina Providência permitiu a toda esta América por remédio", e esperava-se da Divina Misericórdia que desse continuidade aos "maravilhosos sucessos" até então experimentados por meio de suas águas "em tanta diversidade de queixas, e enfermidades, para que o nome do Senhor fosse engrandecido".[32]

Quando, em meados daquele século, para a lagoa acorreram levas de doentes em busca de cura, Minas já era a região mais urbanizada da colônia. Mesmo assim, continuava-se a colorir as paragens distantes com os tons do mito e do maravilhoso, como se zonas fronteiriças fossem sempre fadadas a preencher, no imaginário das populações, o papel que anteriormente coubera às partes depois devassadas e inseridas na ordenação mais racional do trabalho produtivo e do convívio social citadino. Não raro, locais maravilhosos e cheios de mistério povoavam os relatos dos homens que entravam para o sertão, como os que descrevem o dia a dia do mestre de campo Inácio Correia Pamplona e seus homens, nos últimos anos da década de 1760. Na procura de ouro e de negros fugidos, eles deram com "uma paragem que lhe parecia ser misteriosa porquanto tinha uma laje muito grande, ou um terreno matizado com algumas pedras e lajinhas pelo meio". Cercavam-na árvores frondosas, o que tornava o sítio agradável e atraente para uma infinitude de pássaros: jacus, jacutingas, papagaios, maritacas, periquitos.[33]

De uns poucos anos antes data a narrativa de Antônio Cardoso de Souza, eivada de elementos fantásticos que deslizam do edênico ao teratológico. O governador conde de Valadares o designara para explorar a região do rio Doce, na fronteira com o atual estado do Espírito Santo. Em linguagem colorida, conta que, navegando rio acima, foi dar numa lagoa "tão grande que parecia o próprio mar na grandeza, largura, e fundo", ficando, com qualquer vento, "embravecida com ondas e maretas, que faz temer navegar nela em canoas". De dimensões extraordinárias — quarenta léguas de redondo, doze de comprimento —, os numerosos recantos da lagoa não poderiam ser percorridos em menos de dez dias, e havia monstros que nela habitavam, o que Cardoso de Souza e vários homens da expedição puderam atestar antes que os mesmos seres se precipitassem na água, desaparecendo.[34]

Na expedição de 1801, Vieira Couto também achou a sua lagoa prodigiosa, a Piracuara. De água "maravilhosamente cristalina, e encontrando-se com a do rio, que vem turva", ambas iam correndo lado a lado, sem se misturarem. Mas as águas da lagoa atraíam os peixes, que, aos cardumes, passavam para ela. Seu fundo era acidentado, ora raso e coberto de areia muito branca, ora profundíssimo, quase um abismo. Vieira Couto chegou a tremer de pavor conforme a canoa avançava, pois parecia "que a canoa neste lago mergulhava mais por causa de serem aqui as águas mais leves, o que era natural vista a pureza delas". A todos esses assombros, seu olhar de cientista colocou um fecho pragmático: "Este lago fará um dia a fortuna, e ao mesmo tempo o deleite do seu dono".[35]

Os elementos de edenização muito raramente se identificaram ao clima. Este foi, ao contrário, atacado por quase todos os governadores ou viajantes que estiveram nas Minas. No *Discurso histórico e político* do conde de Assumar, ocorre verdadeira demonização do clima, tido por incitador de revoltas, pródigo em brumas e neblinas, próximo das representações infernais. Nas cartas lamurientas de Martinho de Mendonça (1736-7), sempre achacado e afeito a atribuir suas doenças ao péssimo clima da região, ou ainda nas ressalvas de Spix e Martius, convencidos de que as condições climáticas das Gerais eram responsáveis pela profusão de resfriados que se sucediam ininterruptamente naquelas paragens, repete-se da mesma forma o tom depreciativo ante as condições climáticas.

Apesar disso, Cláudio Manuel da Costa inseriu no poema *Vila Rica* versos de louvação ao clima, fragmentos isolados, talvez, da tradição edenizadora estudada por Sérgio Buarque de Holanda, e pródiga, entre lusitanos, em qualificar positivamente os bons ares da colônia:

> *São estas, são as regiões benignas,*
> *Onde nutre a perpétua primavera*
> *As verdes folhas, que abrasar pudera*
> *Em outros climas o chuvoso inverno.*[36]

Num interessante escrito do início do século XVIII encontram-se também referências aos "ares benignos e salubres", que "por conjunção de algum astro benévolo" não afetam negativamente os indivíduos, mas facilitam sua multiplicação e garantem aos naturais das Minas "partos de belíssimas criaturas".[37]

E também não faltou a exaltação indireta das qualidades climáticas e dos benefícios da flora quando se desejou ressaltar a abundância da fauna, esta sim muito mais presente nos escritos sobre as Minas setecentistas. Inácio Correia Pamplona e seus entrantes destacaram a "deliciosa vista dos amenos campos" descortinados no sopé da serra da Marcela para, logo a seguir, descreverem os "bandos de grandiosas perdizes", os porcos-monteses, os veados, patos e "jacuzes" (jacus) que os moradores lhes ofereciam de presente.

Muito férteis, os pastos da região fizeram com que os animais, éguas e burros, macérrimos após a longa jornada, ficassem logo refeitos.[38] Uma ou outra vez, aparecem referências a plantas e frutas: os entrantes do sertão do Bambuí e picadas de Goiás iam "pelo campo apanhando quantidade de cajus, fruta muito excelente".[39] José João Teixeira Coelho aludiria à policultura, no intuito claro de aproximar da europeia a natureza das Minas: cultivava-se bom trigo, feijão, o milho americano que ganhara também a Europa, o centeio, hortaliças "boas de todas as qualidades", melões, melancias, figos, ameixas, maçãs, uvas, bananas, ananases, estes mais uma vez em concessão à flora tropical.[40] No mais, o século XVIII quase só teve olhos para os bichos e para os aspectos hostis da natureza vegetal. O encantamento com as flores e as plantas, com seu colorido raro e com as espécies novas viria depois, numa perspectiva já classificatória e bem própria às expedições científicas do início do século XIX.

Foi portanto a fauna peculiar e variada que exerceu maior impacto sobre o colono luso-brasileiro nas Minas, sendo descrita por ele já com os tons do cientificismo: "aves inúmeras", como atestou Teixeira Coelho, araras, tucanos, periquitos e papagaios de plumagem colorida; "profusão de animais selvagens", como testemunhou José Joaquim da Rocha, perdizes da terra, codornizes, veados pequenos, porcos-monteses destruidores de plantações, antas ferozes "não só pela sua grandeza, mas pela valentia, e velocidade", "tigres", onças de vários tipos — a pintada, a "onça tigre", dentre todas a mais perigosa, ou a suçuarana, menos voraz —, cotias, pacas, tamanduás, animal cuja estranheza sempre inspirava divagações:

O tamanduá-bandeira é um animal que a onça teme, de sorte que este bicho não procura ofender nenhum, e quando o perseguem, se deita com as pernas para cima, e com as mãos se abraça com quem o procura, comprimindo-o de tal sorte com as unhas, até expirar o comprimido, e ele juntamente.

Dotado de tanta força, o tamanduá tinha seu calcanhar de aquiles: "Para se matar este bicho, basta uma leve pancada, que se lhe dê no nariz". Sua dieta era bizarra:

> Sustenta-se de formigas, metendo a língua pelo buraco delas, que é do feitio de uma grande lombriga, e quando esta se acha bem cheia daquelas, que têm acudido a morder-lha [sic], ele a encolhe para dentro da boca, e se utiliza das tais formigas em benefício do seu ventre.[41]

O tamanduá é um caso significativo porque ilustra a relação com o desconhecido, com o exótico, com o inusitado, espécie de emblema da fauna abundante mas esquisita, muitas vezes descrita pelos contemporâneos com as cores do maravilhoso e, no limite — como se verá logo adiante —, passível de ser sobreposta à teratologia europeia. Em que pese a descrição bastante naturalista, já qualificada por um olhar afeito à ciência, o maravilhoso não deixa contudo de se mostrar presente.

Semelhante é o caso da jiboia, relatado por José Rodrigues Abreu. Conforme observou Junia Furtado, o empirismo e o primado do *ver* sobre o *ouvir dizer* nortearam sua *Historiologia médica*, e este médico confirmou serem as jiboias animais de verdade em vez de monstros ou aberrações, já que vira "a pele de uma, que se mandou dependurar na sala do palácio em que assistiam os governadores, na Vila de Nossa Senhora do Carmo". Mas curvou-se às concepções correntes entre os práticos do sertão e aceitou que "dos ossos de umas nascem as outras".[42]

O caráter interior e continental da região das Minas Gerais reforçou assim a ocorrência de representações cartográficas e de narrativas coloridas por elementos mitificadores. Afinal, fora no coração da América portuguesa que concepções variadas discorreram sobre o mito da Ilha Brasil, presente em mapas como os de

Joan Holtz (1542) e de Luís Teixeira (1600) antes de conquistar um adepto na pena do padre Simão de Vasconcelos. Deixando-se levar pela mitologia geográfica então em voga, ele descreveria rios caudalosos que se encontrariam, ou se aproximariam, formando desenhos caprichosos que mantinham contida, dentro de um cinturão aquático, vasta porção do que hoje corresponde a parte do Brasil Central:

> Estes dois rios, o das Amazonas & o da Prata, princípio & fim desta costa, são dois portentos da natureza [...]. São como duas chaves de prata, ou de ouro, que fecham a terra do Brasil. Ou são como duas colunas de líquido cristal, que a demarcam entre nós & Castella, não só por parte do marítimo, mas também do terreno. Podem também chamar-se dois gigantes, que a defendem & demarcam em comprimento & circuito, como veremos. Porque é cousa averiguada, & praticada entre os naturais do interior do sertão, que estes dois rios não somente presidem ao mar com a vastidão de seus corpos & bocas, mas também com a extensão de seus braços abarcam a circunferência toda da terra do Brasil.[43]

Tradições indígenas, por outro lado, guardavam o relato da lagoa de Xarayes (ou Xaraés), na qual nasceriam os rios Maranhão, São Francisco e Paraguai. No século XVII, essas concepções encontraram registro cartográfico nos mapas publicados pelos cartógrafos holandeses Johannes Janssonius e Willem Janszoon Blaeu, passando a figurar em mapas subsequentes como o do também holandês Nicolaes Visscher. Quando começaram, no meado do século XVII, a penetrar aqueles territórios interiores, os paulistas solaparam, com o conhecimento nascido na experiência dos lugares palmilhados, as bases da crença na lagoa de Xarayes, substituindo-a pela imagem do Pantanal que vigora até hoje, conforme demonstrado em estudo bonito e original sobre o assunto.[44]

Planisfério do Atlas-cosmografia, *1597-1612, de João Baptista Lavanha e Luís Teixeira.*

Na época em que as Minas se povoavam, um colono português que por elas andou defendeu a ideia de que na região central da América portuguesa se encontrava o Paraíso Terrestre. Na sua complexa cosmogonia, que comportava teses sobre a origem do mundo, a natureza dos anjos, a virgindade da Mãe de Deus e a supremacia do português entre as demais línguas faladas na Terra, constavam tópicos importantes sobre o Brasil, "lugar do Paraíso Terreal" que o Dilúvio poupara e onde, além do Pai Adão, vermelho como os filhos do Brasil, se encontrava "o fruto da árvore da vida, que são as bananas compridas, e o da ciência, que são as bananas curtas", além de muitas outras frutas, rios e delícias. Como a prenunciar a queda e o sofrimento, havia também nesse Brasil paradisíaco "todo o gênero de brutos, e feras".[45]

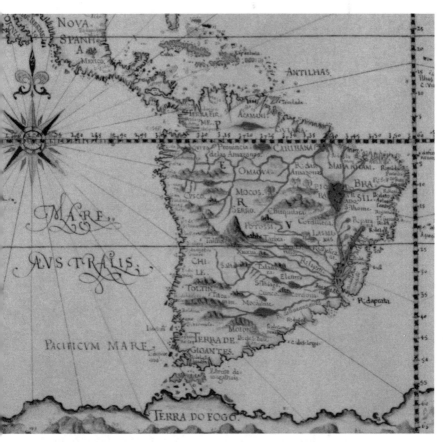

Detalhe em que se vê a confluência dos rios na lagoa central, sugerindo, como disse Sérgio Buarque de Holanda, uma aranha imensa.

Além de herege ante a fé católica, essa curiosa personagem, Pedro de Rates Henequim, lera compulsivamente a Bíblia e se deixara cativar por ideias milenaristas. A Inquisição o prendeu, o processou e, após três anos, o condenou. Apesar de faltarem evidências sobre seu fim, parece que pereceu na fogueira; sua mitologia, contudo, sobreviveu, ou pelo menos aspectos dela, e Minas Gerais continuou abrigando elucubrações míticas até bem depois, do que são exemplo esses arroubos periódicos e sistemáticos de edenização.

2. A dimensão trágica

> *Dizia comigo: respeitosas e soberbas montanhas, de que modo*
> *vos levantastes tanto sobre a superfície da terra?*
>
> José Vieira Couto

Apesar dos cumes cintilantes, da miragem das montanhas de ouro, da vertigem do metal fácil que brotava à flor da terra e quase saltava fora dos córregos, ou ainda das maravilhas curativas que aplacavam as doenças, dos sítios misteriosos que traziam impressa a marca de Deus, e apesar das pastagens férteis, da abundância das frutas, do variado dos animais, múltiplos medos assombravam o entrante do sertão, paralisando-o no meio da jornada e, não raro, fazendo-o retroceder.

A percepção trágica da natureza mineira também remonta aos primeiros tempos, quando começou a se constituir o espaço interno da capitania. A atestá-la, tem-se mais uma vez o *Códice Costa Matoso*, pródigo em relatos assustadores. Quando Bartolomeu Bueno enveredou pelas paragens da Casa da Casca, povoadas "de bravos e orgulhosíssimos gentios", constatou como era aquele sertão "agro e falto de víveres silvestres, por serem tudo matos, e aspérrimas brenhas, e falto do mais favorável gênero de caças, como veados, antas, emas, porcos-monteses, e mais gêneros de animais, e mel silvestre". As peculiaridades da natureza local nortearam então o devassamento: os sertanistas deixaram para trás os "matos incultos", "montanhosos e penhascosos" e, na nostalgia dos campos gerais, onde tudo era mais fácil, rumaram com a tropa para a parte do rio das Velhas, que lhes permitia avançar em montaria.

Os documentos sugerem ter sido sobretudo o aspecto montanhoso do terreno o que mais dificultou o acesso inicial às Minas e, consequentemente, mais amedrontou os sertanistas. Para o bandeirante que vinha do litoral, havia que vencer duas consideráveis muralhas naturais: a serra do Mar e, a seguir, a serra da Mantiqueira, esta composta de massas graníticas acinzentadas e limpas da vegetação, que se acumulava nos declives, nos grotões, nos vales secundários. Uma vez transpostas as duas serras, descortinava-se o terreno suave dos campos ondulados, cobertos de vegetação rala — campos de Congonhas, campos de Cataguases —, e os matos densos sem mistura de campos, que ficaram conhecidos como sertão do Caeté.[1] Penetrando-se no coração do planalto, entretanto, dava-se com nova sucessão de escarpas impressionantes, rochas folheadas de fácil desagregação que se apresentavam como esgravatadas por unhas gigantescas: a serra do Espinhaço, também chamada de série de Minas, geralmente aurífera.[2] Foi ali que Diogo de Vasconcelos localizou o seu Jardim das Hespérides. Mais para dentro, descobrir-se-ia depois a região dos diamantes, onde, nas palavras de um natural do Distrito Diamantino,[3] o mineralogista Vieira Couto, a terra pasmosamente se ouriçava "em serras de pura penedia, que se dirigem confusamente para todos os lados, e sem ordem". Vale a pena ceder-lhe a palavra:

O céu se mostra retalhado por entre fendas de serranias, umas que vão às nuvens, outras mais baixas; umas vistas de perto e sobre as cabeças, negras e respeitosas; outras ao longe mostrando uma cumeada desigual, esfarrapada e toda azulada: por toda a parte se descobre uma superfície negra e ferrenha, exceto pequenas e estreitas tiras de verdes campos, ou de alva areia, que se metem entre uma e outra serra, e que desta maneira admiravelmente servem de variados matizes a este particular terreno.[4]

Era este o espaço das Minas Gerais: cercado pelas impressionantes cadeias montanhosas, conservou-se, por muito tempo, secretamente ameaçador.[5] Nele, caminhava-se espremido entre a escarpa e o desfiladeiro, "por entre feixos [sic] de morros e penhascos", não podendo um cavaleiro "dar passo para um lado, ou outro, que não seja com perigo de despenhar-se aos abismos". A descida das serras causava horror, e o viandante adiantado já na empresa receava olhar para os companheiros que vinham atrás, em tortuosa enfiada, "todos de pé e com os cavalos pela arreata, que parecia nos ficavam a prumo sobre nossas cabeças, e que se despregavam por instantes, e rolavam por aqueles despenhados".[6] Sobre o acidentado do relevo, Vieira Couto diria ainda: "Começamos a marchar por terra montanhosa, e a estrada se dirigia sempre pelos mais altos picos dos montes, de maneira que em partes causava horror, olhando o cavaleiro para profundos despenhadeiros a um e outro lado aos pés de seu cavalo".[7] Por causa dessa topografia, as cachoeiras se arremessavam, barulhentas, nas gargantas escuras, e as águas frias corriam entre penhas cavernosas, assombradas de "altíssimos montes, matos e arvoredos".

Por muito tempo as cadeias montanhosas das Minas atemorizariam os entrantes, invocando concepções milenares que associavam o relevo vertical à morada de seres fantásticos, benfazejos ou malignos. Do Olimpo dos gregos ao Jardim das Hespérides, ou aos Alpes que, na Roma antiga, delimitavam uma das fronteiras entre *civilização* e *barbárie*, as montanhas, ou o que se chamou de "sentimento da verticalidade", impuseram-se com força ao espírito dos europeus na época do Renascimento, quando, não por acaso, a pintura de paisagem ganhou autonomia.[8] As montanhas seguiram excitando imaginações, e os poetas mineiros do fim do século XVIII, notadamente Cláudio Manuel da Costa, foram também poetas da montanha e dos sentimentos ambíguos e contraditórios despertados por ela, misto de terror e reverência ante o mistério da Criação. Vencer cadeias montanhosas identificou-se desde muito cedo, no imaginário europeu, à passagem entre dois espaços diversos, as perdas do que ficava para trás podendo não ser compensadas pelas eventuais conquistas que se fizessem logo adiante. Para fustigar a ânsia pelo ganho fácil generalizada entre os especuladores dos primeiros tempos das Minas, o jesuíta Antonil escolheu a imagem da montanha enquanto marco entre um espaço onde o senso moral ainda vigorava e outro no qual fora abandonado: "E daí vem o dizerem que todo o que passou a serra da Mantiqueira aí deixou dependurada ou sepultada a consciência".[9]

Montanhas influíam no clima: nas alturas da serra, ele era inclemente, castigando também o físico dos homens. O frio só permitia que se minerasse nas águas do ribeirão do Carmo entre as dez horas da manhã e as três da tarde; qualificava a geografia, nomeando-a — Serro do Frio, por exemplo — e lembrando aos homens que eram frigidíssimos os ventos que percutiam os cumes. A atração acabava suplantando o medo dos perigos e moldando aventureiros, fixados pela tradição com os traços míticos dos heróis: mistos de Hércules e Prometeu, cabia-lhes impor a cultura sobre a natureza bruta, "descarnando os montes, minerando penhascos, e cortejando o coração da terra para haver os seus haveres". Era assim que, uma vez vencidas as cachoeiras "com grandes perigos, e trabalhos", reconhecia-se nos labirintos perigosos "capacidades de produzir ouro".

Por trás do fascínio, persistia contudo a adversidade, o embate entre homem e natureza se fazendo a poder de "perigos, fomes, sedes e trabalhos". A agricultura ainda incipiente não dava conta de atender às necessidades das levas que cada vez acorriam mais numerosas à capitania. Nos primeiros tempos, o sertão conseguiu prover ao sustento dos adventícios: além do mel, frutos e raízes do mato que se colhiam facilmente, a caça e a pesca abundantes forneceram peixes, mamíferos e pássaros variados, e até "cobras, lagartos, formigas e uns sapinhos que dão pelas árvores".[10] Conforme a população se adensou, multiplicaram-se os relatos sobre as grandes fomes dos primeiros tempos (1697-8 e 1700-1), testemunhando de forma dramática o desequilíbrio entre o número dos homens e as potencialidades dos recursos naturais, campos e montanhas mostrando-se logo "estéreis de caças, e víveres silvestres, que o muito povo, que por todas as partes penetrava, tinha destruído, e consumido". Houve sertanista que voltou às pressas para São Paulo, e repetiam-se os incidentes a atestar, como diz o documento, que "a fome não tem lei": "Houve tal que matou ao seu companheiro por lhe tomar com a sua tenaz de pau uma pipoca de milho, que do seu borralho saltou para o do outro, dos poucos grãos, que cada um tinha, para alimentar a vida naquele dia".[11]

A fome parece ter castigado sobretudo as expedições que retornavam do sertão, ansiosas em ganhar o povoado de origem. Como diz um historiador, "o retorno exigia o cálculo experimentado que relacionasse, na prática, as provisões que restavam, o tempo da jornada, o roteiro do trajeto (com alguma escolha dos pousos) e o número de bandeiristas".[12] E em tempos de roteiros muitas vezes vagos e imprecisos, quando não transmitidos oralmente, havia sempre o risco de se enganar de caminho, como aconteceu à tropa do Anhanguera, perdida numa grande chapada "sem matos nem mantimentos", mais de quarenta pessoas, entre brancos e negros, perecendo desfalecidos de inanição.[13]

O clima da capitania representava outro desafio. Ainda no primeiro quartel do século XVIII, o governador d. Pedro de Almeida, conde de Assumar (1717-21), a ele atribuiu, numa passagem tornada célebre, o espírito revoltoso dos mineiros:

> Os dias nunca amanhecem serenos, o ar é um nublado perpétuo; tudo é frio naquele país, menos o vício, que está ardendo sempre. [...] A terra parece que evapora tumultos, a água exala motins, o ouro toca desaforos, destilam liberdades os ares, vomitam insolências as nuvens, influem desordens os astros, o clima é tumba da paz e berço da rebelião, a natureza anda inquieta consigo, e amotinada lá por dentro, é como no inferno.

Homem culto, d. Pedro de Almeida devia conhecer as concepções correntes na Europa desde pelo menos o Renascimento, e que desqualificavam os relevos acidentados assim como os seres que neles viviam: animais ferozes, como os ursos, ou monstros, como os dragões. No Livro Quinto de sua *República*, Jean Bodin (1530-96) — um dos expoentes da filosofia e do pensamento político do século XVI — via a rudeza e a agressividade como componentes comuns a todos os povos montanheses do globo terrestre. Pior ainda, tais povos amavam "singularmente" a liberdade popular, como era o caso de suíços, grisões, marroquinos, árabes, todos vivendo na maior liberdade com relação a seus senhores.[14] Claro está que, para um dos teóricos da monarquia moderna, esses povos não mostravam particular apreço pelo regime monárquico, e representavam perigo evidente, razão pela qual o conde de Assumar deveria tê-lo em boa conta, já que viveu às voltas com o temor de sublevação durante todo o período de seu governo.

Os motins, diz mais adiante d. Pedro de Almeida, eram *naturais* nas Minas, sendo "propriedade e virtude do ouro tornar inquietos, e buliçosos os ânimos dos que habitam as terras, onde ele se cria". "Desgraçado clima, abomináveis Minas, em que a lealdade é venável, e a mais pura fé anda em balanças!", vociferava ainda Assumar.[15] Depois dele, outros viram na geografia mineira uma *geografia de vícios*, como o bispo d. Frei Manuel da Cruz, que, em 1757, escrevia no seu Relatório à Sé romana:

> O território desta região aurífera a nenhum outro inferior na incontável multidão de habitantes e adventícios, sobrepuja as maiores cidades do orbe na torpeza diversificada dos vícios. Porquanto estende-se longe com enorme multidão de indivíduos nele dispersos e projeta-se para o alto, mais que as outras, com vértices de montes muito elevados, alicia os habitantes para os campos demasiado amplos dos vícios, precipita-os no abismo bastante profundo da ambição, atrai os mineiros para o incitamento do mal, a saber, a extração do ouro.[16]

A inconstância do clima podia também se manifestar no capricho das águas violentas. A Vila do Ribeirão do Carmo sofreu muito com as cheias sistemáticas que, em decorrência dos trabalhos de mineração realizados nas margens do rio que lhe dava o nome, arrebentavam-lhe as pontes e as construções. Desde 1737, a catástrofe se repetia ano a ano, e quando a aglomeração foi escolhida para sediar o novo bispado que em 1745 se criou nas Minas, houve grita e protesto geral nas demais localidades. O próprio governador se uniu ao coro, invocando a aparência arruinada da vila, a precariedade da igreja, prestes a desmoronar, e sugerindo que, longe do rio, se construísse uma cidade nova.[17]

Ainda em 1745, dois capitães de ordenança da localidade se dirigiam ao rei propondo alternativas para sanar o problema e instando que os poderes públicos dessem uma solução ao flagelo que o ribeirão do Carmo impunha aos moradores. Alegavam que o próprio estatuto recente se via ameaçado, e que a cidade de Mariana arriscava voltar a ser vila: "com o arrojo de suas águas", as cheias do ribeiro iam "pondo aquela cidade nos termos de em mais breves anos vir a perder o feliz nome a que Vossa Majestade, por sua real grandeza, quis exaltar a Vila do Carmo, como cidade [de] Mariana".[18]

Pouco depois, em 1746, uma cheia terrível destroçou Sabará, e a tradição perpetuou-a nas memórias até que, em 1807, sobreveio outra pior. A força das águas arrastou, desde as cabeceiras, fragmentos de casas e pontes construídas nas margens do rio das Velhas, inundando os bairros mais baixos, prejudicando edifícios, "e derramou tal susto na população, enquanto uns salvavam-se a nado, outros pelos telhados, e alguns em gamelas, que só se ouviam gritos de consternação". O ouvidor-geral da comarca e a câmara da vila cuidaram da salvação pública, "reunindo canoas que substituíssem as pontes, provendo à reparação das casas prejudicadas, e excitando a filantropia dos fazendeiros para abasterem o mercado". O rio Paraopeba também encheu. Como em sua margem ocidental ficava um dos principais celeiros da comarca, houve falta e carestia de gêneros, mesmo porque carros e tropas deixaram de circular durante oito dias. Pelas ruas e praças de Sabará, viam-se "magotes de mulheres velhas, meninos e inválidos mendigando a farinha para o dia".[19]

As chuvas fustigavam os núcleos urbanos, desbarrancavam as margens dos córregos, muitas vezes punham abaixo as precárias casas de adobe. Maior ainda deveria ser o castigo que infligiam às paragens remotas, onde as choupanas haviam se tornado indispensáveis "para servirem de reparo à inclemência do tempo", como as que os entrantes da expedição de Pamplona construíram ao pé da serra da Marcela, num capão denominado Cabeceiras de Santo Estêvão.[20] Narra certo documento que, quando nas lonjuras cerrava-se "uma desconversável noite" e a escuridão se fazia "medonha", quebrada apenas pelos relâmpagos a rasgarem as nuvens "com estampidos horrendos", os abrigos toscos se mostravam precários: "Cabeceavam as árvores, ameaçando esgalharem--se sobre nossas choupanas; veio a chuva e aturou quase até ao amanhecer".[21]

Nos matos e descampados, chuvaradas podiam ser fatais ao viandante. Em 1770, suspeitou-se inicialmente que a morte de Antônio Vieira de Sampaio, "violenta e de propósito", se tivesse devido à ação de malfeitores; logo em seguida, contudo, os indícios passaram a apontar que ocorrera "por desastre em grande tempestade de chuva". O falecido ia seguindo certo caminho quando caíra "em um fundão esbarrancado, que nele há, porque no mesmo foi achado o cavalo em que vinha montado, e uma véstia, e camisa que trazia". Mais abaixo, numa prainha, encontraram o cadáver semienterrado na lama e na areia, e segundo a devassa ex officio a que se procedeu, a violência do sucedido deveria ser creditada à inclemência do tempo: quando a chuva era forte, corria pelo barranco "em grande abundância até a praia em que foi achado o corpo, que pela mesma seria conduzido até o dito lugar".[22]

No tempo das águas, evitava-se entrar para os matos, quando as "passagens dos rios caudalosos" acarretavam perigo de vida para os viajantes. As chuvas faziam transbordar os rios e tornavam penosíssimas as jornadas. No início de fevereiro de 1769, mês em que as águas costumavam castigar sem trégua — como ocorre ainda hoje — a região das Minas Gerais, o soldado José Baracho da Silva Encerrabodes chegou à Intendência dos Diamantes da Vila do Príncipe "muito maltratado da viagem". No caminho, afrouxara o cavalo d'el-rei em que vinha montado, e tivera muito trabalho em obter novo animal devido às "extraordinárias inundações dos rios, e corgos" que impediam as passagens. Depois de algum tempo, conseguiu um cavalo alheio, mas logo teve a infelicidade de com ele despencar "em tal buraco, ou barranco, que lhe fez a arma em pedaços, maltratou-lhe o corpo, e em um braço, em termos que fica de cama curando-se, e impedido de poder voltar".[23]

Quando distavam cerca de uma légua do rio Parauninha, Vieira Couto e seus companheiros foram fustigados por uma "grande bátega d'água", enquanto "grandes torreões de nuvens" corriam pelo céu. Apertaram o passo, temerosos que o rio enchesse devido às "águas que de todas as partes se despenhavam da serra". Entretanto, a tempestade precipitou o fim do dia, e os homens foram surpreendidos pela escuridão, terrível também porque haviam deixado as campinas e os descobertos e entrado nas "espessas matas que bordejavam o rio". Sob o impacto das águas, o caminho desaparecera: "Então, acendemos bugias, e cada um com a sua, tanto os de pé como os de cavalo, todos com luzes, que brilhavam com a escuridão e formavam um fúnebre espetáculo, marchando em uma longa enfiada, vadeamos o rio, que vinha já grosso e espumando".[24]

Mesmo fora da estação chuvosa, os rios eram obstáculos difíceis de transpor. Na época da expedição de Inácio Correia Pamplona pelos sertões do Bambuí e picadas de Goiás, demorava-se seis dias para atravessar o São Francisco: as pessoas seguiam de canoa, mas iam a nado as bestas, a roupa, os trens. A travessia do rio das Onze Mil Virgens afigurava-se igualmente trabalhosa "pelo custo dos barrancos que se abriram" e por serem as margens enlameadas, os animais patinando e atolando nelas até a barriga.[25]

As pontes representavam tentativas de vencer essas dificuldades, mas sua construção também não se fazia sem pena: "Eu bem conheço que a empresa é dificultosa, por ser este o rio mais largo, violento, e de mais altivas margens que tem todo este sertão; e não me falta receio de que os altos rochedos, de que as mesmas margens são compostas, possam impedir-me o efeito desta diligência, porém não tenho remédio, senão fazer-lha [sic]", dizia Pamplona, procurando dessa forma contornar os incômodos trazidos pelas investidas dos quilombolas, que furtavam as canoas amarradas ao longo do rio São Francisco e as soltavam correnteza abaixo.[26] Sua expedição chegou dispersa à margem do rio, todos a pé, as bestas, cavalaria e cargas ficando espalhadas pelos matos por "não poderem romper a oposição de vários corgos, matos e atoleiros".[27]

Pontes construídas não significavam, entretanto, ausência de perigo. Mesmo na passagem de uma pequena ponte podia ocorrer de despencarem cavalo e cavaleiro, como aconteceu ao capitão Manuel Moniz da Costa quando, indo para o rio do Peixe a fim de expedir para o povoado de Antônio Dias Abaixo os mantimentos que, a seguir, rumariam para o Cuieté, acabou "sem sentidos bem maltratado, lançando sangue pela boca e narizes, e pisado em várias partes do corpo, principalmente em um braço e em um quadril".[28] Da ponte que Pamplona construiu sobre o rio caíram pelo menos dois dos homens de sua expedição: um "bom preto", que teve a coxa atravessada até o osso por um pau pontiagudo, e o mestre de obras, que despencou toda a altura dela, ficando ensanguentado, arranhado e amortecido.[29] Sem que ocorressem maiores incidentes, Vieira Couto também registrou o perigo apresentado à sua expedição pelas pontes: "Pouco adiante passamos o Lambari em uma má ponte de madeira, cuja passagem metia pavor tanto por correr o rio muito morto, como pela cor parda e barrenta de suas águas".[30]

Nada podiam as pontes contra as corredeiras, contra as águas que, em certos rios, se arremessavam violentas. São frequentes, nos documentos, as alusões à dificuldade interposta pelas cachoeiras. Para se atingir determinados lugares recônditos, como o peão do Cuieté, havia, por volta de 1770, que "subir por cachoeiras e varadouros de lagoas".[31] Até o presídio, a navegação do perigoso rio Doce e adjacências era "tão penosa que por causa das cachoeiras se não podia fazer esta viagem em menos de vinte dias no tempo da seca, e um mês e mais no das águas".[32] Os mantimentos que seguiam de Antônio Dias Abaixo com destino ao Cuieté enfrentavam verdadeira odisseia, "sendo obrigados os condutores a transportar-se pelo rio Doce passando as canoas e as cargas às costas por causa das imensas cachoeiras que os obrigava a este trabalho".[33]

Além do relevo, do clima frio e enevoado, das chuvas fortes e dos rios difíceis de vadear, havia o sertão. "Certão sem cultura the o mar", registrava ainda no último quartel do século XVIII um dos mapas atribuídos a José Joaquim da Rocha, que, procurando delimitar os confins da capitania a nordeste, perdia-se justamente na ausência dos limites, ou no desconhecimento deles, curvando-se ante a vastidão.[34] Sertão áspero, falto de víveres, abundante tão somente de palmitos, que logo escasseavam, ou de carauatãs amargosos que nasciam pelas serras e pedras, bons apenas para os nativos que, desde a sua criação, estavam habituados a comê-los.[35] Sertão trabalhoso e invasivo, que atrapalhava a cada passo a caminhada, oferecendo a vegetação densa como anteparo natural à ação das facas e facões que tentavam abrir picadas, crescendo por sobre a cultura de milho, impedindo-o de lançar espigas, frustrando a rama de algodão, impondo a mamona, aceitando, quando muito, a mandioca.[36] Sertão traiçoeiro e imprevisto, os capões de mato encobrindo a fumaça que subia dos quilombos de negros fugidos, as brenhas servindo de esconderijo aos "índios bravos" que espreitavam os entrantes desnorteados.

Ao dar as coordenadas para que Antônio Cardoso de Souza conquistasse os indígenas da região do rio Doce, assim dizia o conde de Valadares: "Todo o cuidado e vigilância pelos agrestes matos e montes que for penetrando se faz desnecessário advertir ao dito capitão, pois como prático nestas, e semelhantes conquistas, há de saber prevenir-se, para qualquer acometimento que lhe façam os índios inopinadamente".[37] Sertão pestilento, infestado de febres que, na época de José Joaquim da Rocha, ainda matavam nas cercanias do Vupabuçu. Para evitá-las, aconselhava-se entrar para os matos apenas nos meses de seca: de setembro a maio, era grande o risco de doença.[38]

Sertão era espaço e conceito múltiplos, conforme procurou explicar, no primeiro quartel do século XIX, o naturalista francês Auguste de Saint-Hilaire. Não indicava divisão política do território, mas sim aquela, vaga e convencional, "determinada pela natureza particular do país e sobretudo pela debilidade da população". Nas Minas, compreendia a bacia do São Francisco e seus afluentes, estendendo-se das imediações da serra da Mantiqueira aos limites ocidentais da capitania, abraçando, ao sul, pequena parte da comarca do Rio das Mortes e avançando a leste por sobre extensa porção das comarcas de Sabará e Serro do Frio para, a oeste, englobar toda a comarca de Paracatu, situada a ocidente do São Francisco. Sertão era, assim, quase a metade de Minas, mas não se limitava a essa região e avançava por sobre a Bahia, Pernambuco e Goiás, que o naturalista qualificou, então, de "imenso deserto". Sensível ao caráter multiforme dessa figura geográfica, acrescentou que talvez todas as províncias do Brasil tivessem seu sertão particular, sempre constituído por sua parte mais deserta. Nas Minas, como na Bahia e em Pernambuco, eram quase sempre regiões descampadas, mas no Espírito Santo cobriam-no florestas fechadas. Mais ainda: o sertão de uma só província podia variar, ora formado por campos, ora por florestas desabitadas.[39]

Todos os documentos coevos expressaram igual sentimento de imprecisão e fluidez ante essa personagem geográfica. "No sertão, tudo são dúvidas", diria Inácio Correia Pamplona em carta escrita ao governador conde de Valadares a 15 de novembro de 1769, quando devassava o sertão do Bambuí e picadas de Goiás com uma expedição de contornos bélicos: cerca de dez cavaleiros,

58 escravos, "armas de espingarda, clavinas, facões, patronas, pólvora, chumbo, bala", oito músicos munidos de violas, rebecas, trompas, flautas, dois tambores que iam batendo as caixas cobertas de encerado conforme avançava a tropa, e mais as bestas de carga, 52 ao todo, muitas das quais chegaram a arriar no caminho sob o peso demasiado dos "comestivos e bebidas de várias qualidades, tanto da terra como do Reino", sem falar da "bem preparada e sortida botica".[40]

Menos de vinte anos antes da Inconfidência, portanto, o sertão continuava inóspito, ameaçador, inculto. Na voz anônima de um mau poeta da roça, esse mesmo sertão saudou, personificado, a função "civilizadora" de Pamplona, que o redimia:

Temos até agora padecido
Um desprezo total da gente humana
Experimentando das feras o bramido
Em uma soledade tão tirana.
Mudem nossas mágoas de sentido
Que uma porse [sic] *real nos desengana*
Que vem o filho do sol como regente
Ser guarda-mor deste continente.[41]

Já quase entrado o novo século, o pavor do sertão persistia, reeditado nas situações de fronteira. Para enfrentá-lo, Vieira Couto recomendava "grandes cautelas", pois, infestado de indígenas e de negros fugidos, era aspérrimo: saco às costas, subindo e descendo serras enormes, os entrantes teriam ainda que sofrer a falta de alimentos: "A fome seria cruel, porquanto nem caça havia".[42]

Indevassável e terrível, o sertão era, para o homem branco, realidade estranha a ser aprendida, impunha o recurso a guias práticos mas também exigia mapas e roteiros, muitos dos que chegaram até hoje datando das primeiras décadas do século XVIII, o mais das vezes precariamente desenhados ou esboçados por aqueles que, useiros de percorrerem o território, conheciam-no mais que todos: bandeirantes, militares, mineradores.[43] Mesmo assim, rusticamente cartografado, o sertão pregava peças, fechava--se sobre si, rechaçava o invasor, vomitando-o para o "mundo civilizado" ou triturando-o no emaranhado de árvores cerradas e cipós. O guia da entrada de Inácio Correia Pamplona pouco podia contra a indecifrabilidade do sertão: "Simão Roiz, que era o nosso guia, era guia errante, pois quanto mais andava, mais se perdia". Mesmo sendo homem habituado a percorrer os matos, Pamplona nem por isso deixou de se perder quando, ao terminar os trabalhos da roça, saiu sozinho, num fim de tarde, ao encalço de um veado. Só apareceu alta madrugada, suscitando grandes comemorações por parte dos companheiros e inspirando novos versos bajulatórios e medíocres:

> *Magnânimo herói, altivo coração;*
> *Sempre impávido, forte e arrojado,*
> *Que seguindo as pisadas de um veado,*
> *Vos perdestes no meio de um sertão.*[44]

Nesses espaços de "asperezas", "ermos desconhecidos" e "mal sadios céus", os guias muitas vezes se prevaleciam de sua superioridade, ampliando a fealdade do mundo desconhecido.[45] Enfrentar a vegetação cerrada não era para qualquer um. "Pouco ou nada podem praticar aqueles que, sem a criação dos matos, nele querem mostrar-se valorosos", escrevia em 1770 João da Silva Pereira de Sousa num relatório sobre a conquista do Cuieté.[46] Antônio Cardoso de Souza fora um desses homens que, apesar de aparentar desembaraço e ter experiência em entradas, acabara vagando pelos matos, provocando, com seu fiasco, a irritação do governador Luís Diogo Lobo da Silva:

Recebo a carta de Vossa Mercê, e me admiro que, sendo mateiro de profissão, perdesse o tino de sorte que não só se apartasse do sítio, a que se destinava, mas se visse obrigado a andar errante pelos matos tão dilatado tempo, e se não acompanhasse, para evitar este inconveniente, de uma agulha que lhe mostrasse o rumo certo; é que quem muito promete, pouco faz, sendo de admirar que já Vossa Mercê não possa valer-se das produções do mato para o sustento, como constantemente asseverava.[47]

Sem familiaridade com o mato, não havia como enfrentar o indígena, pois sua "formalidade" se compunha de "ciladas e cercos em horas competentes", verdadeiro *saber indiciário* que lhe permitia andar pelas brenhas e se valer delas na guerra contra o branco.[48] Conhecer o mato, orientar-se dentro dele por meio dos rastros deixados no chão ou dos galhos quebrados na passagem do caminhante exigia sentidos acurados e permitia subjugar o "gentio feroz", reduzir-lhe a "natureza bruta" ao "mundo ordenado" da cultura branca.[49] Constituía, em última instância, uma forma específica de conhecimento que acabaria caracterizando certas atividades bélicas dos coloniais, como aliás ocorrera, cento e tantos anos antes, na Guerra Brasílica que os luso-brasileiros do Nordeste encetaram contra os batavos.[50] Companhias de homens pardos, como a que se intentou formar no distrito do Papagaio em 1770, eram consideradas adequadas às condições ecológicas das Minas por serem seus membros "ligeiros dos pés e destros para os matos".[51] O sertão acabava assim por influir no homem, imprimindo-lhe força nova, estranha e diversa da metropolitana: "Fico aprontando algumas pessoas de campanha que há nesta Praça, que mando conduzir para São João del-Rei", escrevia d. Antônio de Noronha ao vice-rei marquês do Lavradio em maio de 1777, quando parecia iminente o avanço castelhano sobre o Rio de Janeiro e, em seguida, sobre as Minas Gerais. E acrescentava: "as quais me poderão ser úteis para disputar aos castelhanos as passagens dos rios, e dos sítios mais apertados, que é a única guerra que poderei fazer sem tropa paga, e só com os auxiliares e paisanos".[52]

Apesar de influir na formação de mateiros aptos, a aspereza das caminhadas e a dificuldade no trato do sertão podiam, por outro lado, desnaturar o homem e o irmanar às feras: as duras condições cotidianas do meio hostil e a necessidade de nele sobreviver tiravam dos homens os atributos da cultura e acentuavam os da natureza. Todos quantos procuraram ouro em regiões longínquas, ou se empenharam em levar o povoamento para os confins da capitania, queixaram-se da hostilidade do sertão, e muitos deixaram transparecer, em seus relatos, que nas fronteiras geográficas baralhavam-se igualmente os limites entre homens e bichos.[53] Em 1768, os entrantes que mineravam para os lados do caminho do Rio de Janeiro enviaram requerimento ao governador pedindo maior flexibilidade da Coroa ante os descobertos naquelas partes e invocando, como argumento, os "muitos grandes riscos" que corriam, vendo-se ameaçados de perder a vida "com gentios e onças e muitos [sic] mais qualidades de bichos que andam por aquelas paragens".[54] A natureza áspera tornava-se moeda de troca na busca por vantagens e recompensas.

Para com os "índios mansos", era possível manifestar-se, na época da Inconfidência, certa simpatia, presente por exemplo na sensibilidade etnográfica que Cláudio Manuel da Costa denota em passagens do *Vila Rica*. Mas o indígena visto como rebelde, o feroz, este só tinha equivalente entre as feras:

> *Do escuro Cuieté, onde se abriga*
> *O botocudo infiel, gente inimiga,*
> *Gente fera e cruel, que o sangue bebe*
> *Humano, e encarniçado não concebe*
> *Zelo algum pela própria natureza.*[55]

Indígenas eram considerados bichos por habitarem o sertão hostil, mas também por desconhecerem a fé católica. Na zona de fronteira, os assentamentos agrícolas e minerais dependiam do concurso indígena, da sua passividade, da adesão, enfim, ao "mundo civilizado". O leste da capitania sempre apresentou sérios obstáculos à ocupação, e os inventários revelam um espaço de conflito permanente, não sendo excepcional o caso do viúvo que, nas Catas Altas, perdera a mulher em 1749, morta nas mãos de indígenas. Atingido ele também por uma flechada, ficara de cama durante quatro meses, após o que abandonou o sítio onde viviam — "engenho, árvores de espinho, bananal, senzalas, paiol e casas", tudo "deixado deserto por estar este na paragem donde costuma sair o gentio e tem feito várias mortes e insultos".[56]

Povoar o sertão em zona de "gentio bravo" implicava, portanto, risco de vida, como bem o sabiam os "moradores, povoadores e cultivadores do vasto sertão da América" que, em 1778, encaminharam uma petição a d. Maria i para que os livrasse das tributações superpostas do poder civil e do eclesiástico. Alegavam agir por utilidade própria e em benefício e extensão da monarquia portuguesa, propagando entre os "bárbaros" a fé da Santa Madre Igreja e fazendo observar as leis e decretos de Sua Majestade. Repeliam incansavelmente os assaltos dos indígenas, que por sua vez atacavam sem cessar os assentamentos, matando homens, gado, queimando roças e moradias. Com os lucros que eventualmente obtivessem da atividade econômica, os colonos viam-se obrigados a comprar "*ferramentas* para a cultura, e *armas* para a defesa do gentio, e dos tigres, onças, e outras feras que lhes matam as criações": só assim poderiam dar continuidade à expansão interna, "descobrindo, conquistando e povoando novas colônias e campos desertos, e baldios, fazendo neles novas povoações, *para benefício próprio e igualmente da Coroa*".[57]

Não era diferente a percepção que o colono bem estabelecido tinha do negro fugido. "A serra da Marcela [...] tem sido até aqui habitação de feras, e calhambolas, o que vem a ser o mesmo", vociferava Pamplona em 1770. Os quilombolas eram tidos também como "humana peste da República" a infeccionar o sertão e torná-lo ainda mais perigoso, sempre levantados contra os brancos de sorte a parecerem "mais cruéis e horrorosos monstros, do que homens racionais, pois a pólvora, o chumbo, a bala, a faca e o porrete são as ordinárias decisões de suas controvérsias". Ludibriavam os entrantes, acendendo fogos em lugares onde não mais existiam quilombos, fugindo silenciosos sem deixar pista, beneficiando-se do trato familiar com os matos fechados. Na tentativa de aniquilá-los, Pamplona entrou no sertão com respeitável séquito militar: sem ele, escrevia ao governador, sua entrada seria certa, porém muito duvidosa a saída "de entre gente tão inumana", "gado brabo, que nunca conheceu pastor". Efetuando prisões de negros, conseguiu o mestre de campo torná-los mais humildes e pacíficos: se a violência dos indígenas e negros os equiparava às feras, a força bruta dos brancos era, ao contrário, "civilizadora"...[58] Mas algumas ações bem-sucedidas contra as "pestes da República" não eram suficientes para neutralizar as fantasias dos sertanistas acerca dos perigos dos matos e de seus habitantes "inumanos": se as pequenas colunas destacadas para explorações preliminares retornavam ao acampamento convencidas de que "o sertão tinha mostras de ser bom, e capacidade de boas fazendas, e ainda boas formações de ouro", davam igualmente repetidas graças a Deus "por se verem livres dos sustos, e receios que tiveram de não sair cá fora nenhum com vida, porque até certa altura é muita a negraria, e que tudo são quilombos, e de certa altura por diante, tudo gentios". Mesmo que não dessem com eles pela frente, os entrantes temiam-nos à distância, persignando-se ante os vestígios que deixavam espalhados, no aparente intuito de mais apavorar: potes, panelas, restos de comida e de fogo.

Num sertão aberto a desmandos, os homens brancos se tornavam feras também:

> No sertão são tão frequentes as mortes, e insultos, que parece se esquecem os homens da sua racional natureza para se revestirem-na de feras, que mais indômitas que estas, executam toda a qualidade de delitos sem o menor receio que os obrigue a depor a sua crueldade.[59]

Na "arraia do sertão", ali onde o controle da sociedade bem estabelecida se esgarçava, abria-se espaço para o crime e para o desvio, pois não se temia a Deus e não se acatavam as leis do Reino.[60] Foi no sertão recôndito que se agasalhou Borba Gato após assassinar d. Rodrigo de Castel Blanco, no momento em que se constituía o espaço geográfico das Minas, a lembrança do episódio tendo sido fixada por Cláudio Manuel da Costa no "Fundamento histórico" do poema *Vila Rica*:

> Temeroso o Borba de que o buscassem as justiças, e que sobre a sua prisão fizesse El-Rei as maiores diligências, se meteu nos sertões do rio Doce com alguns índios domésticos da sua comitiva: aí viveu vários anos respeitado por cacique, sem mais lei ou civilidade que aquela que podia permitir uma comunicação entre bárbaros.[61]

Houve mesmo quem afirmasse que em Minas nunca se prenderam criminosos no sertão, nem nele nunca entrou a justiça, sendo "o couto de todos os réus tanto de crimes como de dívidas".[62] De qualquer forma, a alusão constante aos fugitivos que se escondiam nos matos — fossem eles criminosos a caminho do Cuieté, fossem indivíduos recrutados à força para as guerras do Sul — permite tomar tais afirmações das autoridades por verdadeiras: o sertão era também o espaço da marginalidade e da desclassificação social, onde, mais uma vez, a parte bem morigerada da sociedade via se dissolverem os elementos humanos do seu contrário e, sempre apta a desqualificar, ressaltava-lhes os negativos, aproximando-os, não raro, da animalidade.[63]

E os bichos? Na lonjura das zonas fronteiriças, eles perdiam os atributos naturais e ganhavam horripilante semelhança com o monstruoso. Já se disse que, nas Minas, a crença em animais fabulosos era razoável por ser toda a região rica em fósseis. No tempo de Luís da Cunha Menezes, por exemplo, encontraram-se ossadas gigantescas na comarca do Rio das Mortes, "um subterrado com quarenta e dois palmos de comprido". O governador conservou, "por raridade", uma canela do animal.[64]

As alusões aos animais monstruosos pontuam vários documentos da época. Em 1769, nas imediações do rio Doce, uma comitiva se deparou com certa lagoa "tão grande que parecia o próprio mar", as ondas e marolas dificultando o avanço das canoas. Nela viviam animais monstruosos, que por alguns foram vistos em carne e osso, enquanto outros os intuíam pelos rastros deixados no chão.[65] Na época de José Joaquim da Rocha, no rio São Francisco, as incontáveis e "violentas" piranhas tragavam com certa frequência os animais que acorriam para nele beber ou atravessá-lo pelo vau, "e ainda a viandantes, que sem experiência lhe[s] sucede o mesmo". No sertão mais ocidental que conduzia a Goiás, o governador d. Antônio Rolim de Moura registrou que bastava pouco tempo para que as piranhas apanhassem um homem n'agua e o reduzissem a um "mísero estado", e advertiu sobre os males provocados ainda por outra casta de peixes, as arraias, "que com o ferrão que têm no rabo dão pancadas tão peçonhentas que aos primeiros dias se não pode parar com dores".[66] O rio Urucuia era "medonho pela variedade de bichos, que nutre": "jacarés de disformes grandezas", "cobras sucuriús de demasiado comprimento e grossura", sempre acometendo as canoas que vadeavam o rio, emborcando-as.[67] A percepção que o cartógrafo Rocha tinha dos rios distantes dos núcleos povoados da capitania inscrevia-se talvez na mesma tradição que levou Cláudio Manuel da Costa a ver, nos primórdios do devassamento das Minas, águas povoadas por animais monstruosos, no caso a mesma sucuriú (sucuri). Narra o poeta que, ante os olhos perplexos dos indígenas que acompanhavam a personagem Pegado, um presumido tronco encurvava-se, estendia-se e, por fim, num ronco medonho, precipitava-se na lagoa, "[...] o seio abrindo/ Das águas, que co'a cauda vai ferindo".

Os indígenas acorreram, reconhecendo no "tronco" a horrenda sucuriú e, prontamente, lançando-a sobre a praia e a rasgando com facas cortantes. No seu bucho, como no conto maravilhoso, encontraram-se animais inteiros:

De curioso ardor cada um se ensaia
De arrancar-lhe das entranhas tudo
Quanto a fome tragara; absorto e mudo,
Pegado está notando a maravilha.
Três veados comera, enquanto trilha
A margem da lagoa; estão inteiros
No ventre e ainda em pelo os dois primeiros.
Riem-se os índios de Pegado, e o riso
Tem ao mancebo então mais indeciso,
Vendo que novo ali não conhecera
Que é o sucuriú aquela fera,
De quem ouvido aos nacionais havia
Que um tronco na grandeza parecia.[68]

Na segunda metade do século XVIII, enquanto Cláudio Manuel da Costa desentranhava animais intactos do bucho monstruoso da sucuriú, a ação predatória de um seu companheiro de conjura — que aliás foi um de seus delatores — não se inibia ante a prenhez de um animal indefeso. Ao abrir picadas pelo sertão de Goiás, Inácio Correia Pamplona deparou, na hora da refeição, com "uma corça de agigantada grandeza". Cercou-a, no que contou com a facilidade de não poder o animal correr muito, "posto que a carreira que trazia não era demasiadamente veloz pela razão de estar prenhada, o que vendo o sr. mestre de campo, se agachou entre o capim e lhe pregou tamanho estouro na volta da pá que a virou logo; deram-lhe os mais muitos vivas e aplausos do bem que tinha empregado o seu tiro".[69] No relato, o vulto excessivamente grande da corça faz pensar na anormalidade do monstro; mas é a ação violenta do Pamplona *civilizador* — um são Julião Hospitalário às avessas, porque destituído do remorso e, ao contrário, cheio de si pela ação realizada — que beira o monstruoso, mostrando como, no sertão, eram múltiplas as formas pelas quais homens se metamorfoseavam em bestas-feras.[70]

Apesar do medo, dos perigos, das incertezas; da precariedade das jornadas sempre sujeitas a intempéries, imprevistos, poucos mapas e muito bicho bravo; dos criminosos de tocaia; dos indígenas sempre perto, às voltas com suas guerras e com as dos brancos; dos negros aquilombados e dispostos a resistir; das poucas patrulhas e distâncias imensas a dificultar qualquer polícia: apesar de tudo isso, havia sempre quem quisesse entrar para o sertão, vencendo montanhas e enfrentando febres caso fosse necessário.

O que levava os homens — pois naqueles tempos eram só eles que se embrenhavam no mato — a deixar mulher, filhos, casa com benfeitorias e animais domésticos no quintal para percorrer centenas ou milhares de quilômetros sem data certa para voltar? Mesmo que fossem reduzidas as oportunidades num mundo assentado sobre o trabalho escravo e com malha urbana rarefeita,

mito das Hespérides ao longo dos tempos:
a página anterior, elas aparecem na hídria feita pelo
ntor de Meidias, *c.* 420-400 a.C., e no detalhe de mosaico
mano do século III sobre os trabalhos de Hércules;
nesta dupla, nos quadros *Hercule au jardin des Hespérides*,
1850-95, de Gustave Moreau (à esq.), e *O Jardim*
s *Hespérides*, 1892, de Frederic Leighton (acima).

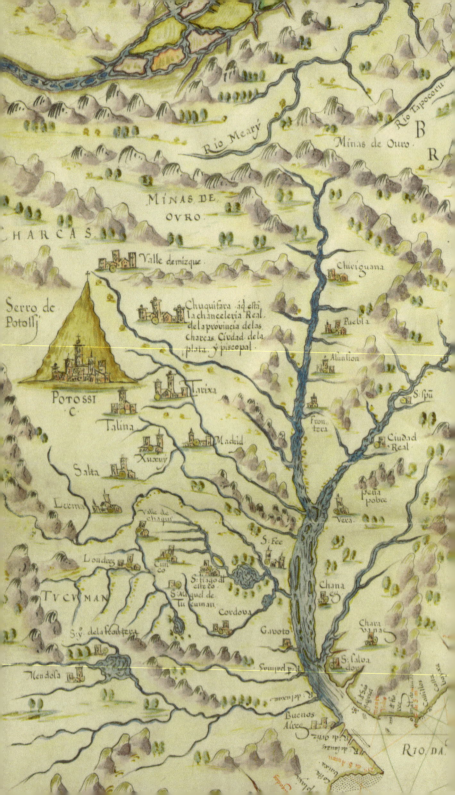

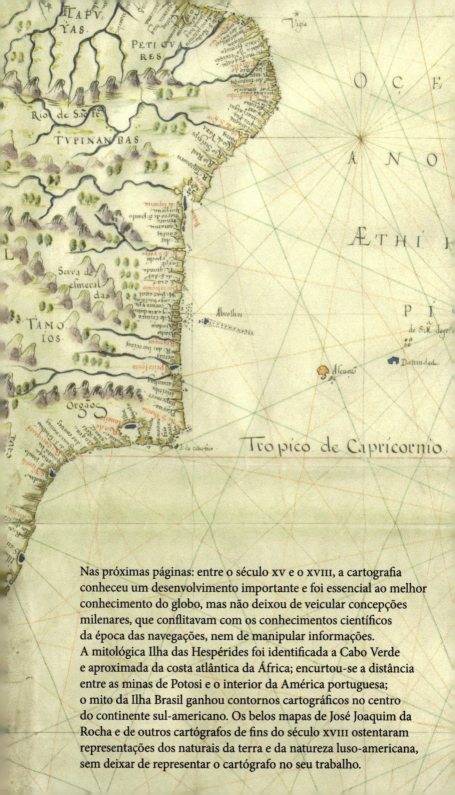

Nas próximas páginas: entre o século XV e o XVIII, a cartografia conheceu um desenvolvimento importante e foi essencial ao melhor conhecimento do globo, mas não deixou de veicular concepções milenares, que conflitavam com os conhecimentos científicos da época das navegações, nem de manipular informações.
A mitológica Ilha das Hespérides foi identificada a Cabo Verde e aproximada da costa atlântica da África; encurtou-se a distância entre as minas de Potosi e o interior da América portuguesa; o mito da Ilha Brasil ganhou contornos cartográficos no centro do continente sul-americano. Os belos mapas de José Joaquim da Rocha e de outros cartógrafos de fins do século XVIII ostentaram representações dos naturais da terra e da natureza luso-americana, sem deixar de representar o cartógrafo no seu trabalho.

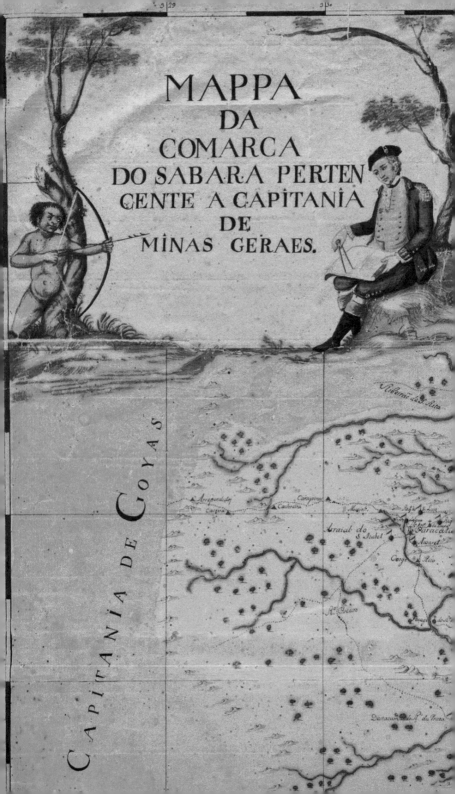

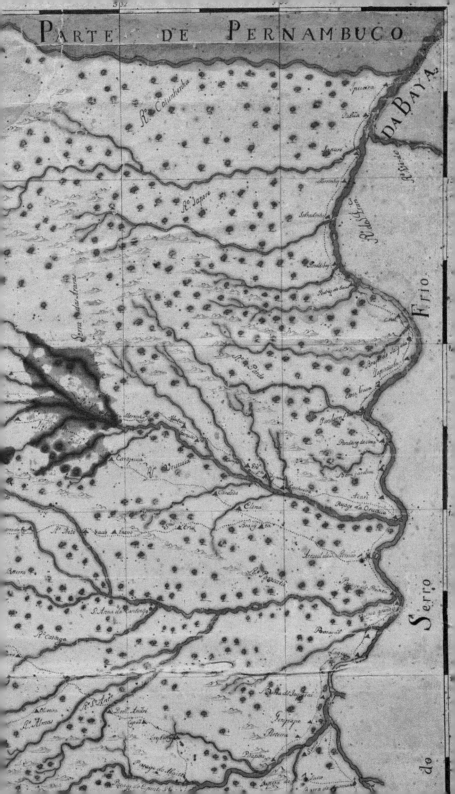

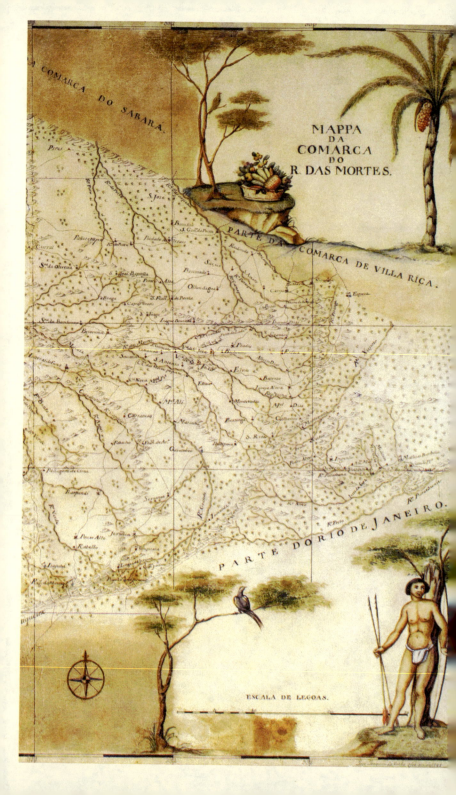

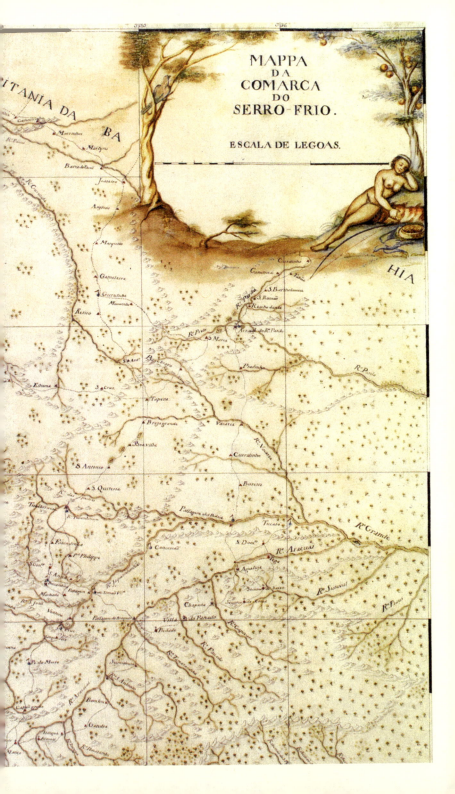

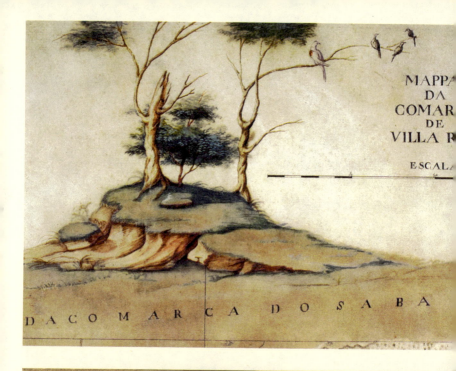

D A C O M A R C A D O S A B A

MAPPA
DA
COMARCA
DE
VILLARICA

ESCALLÁ DE LEGOAS

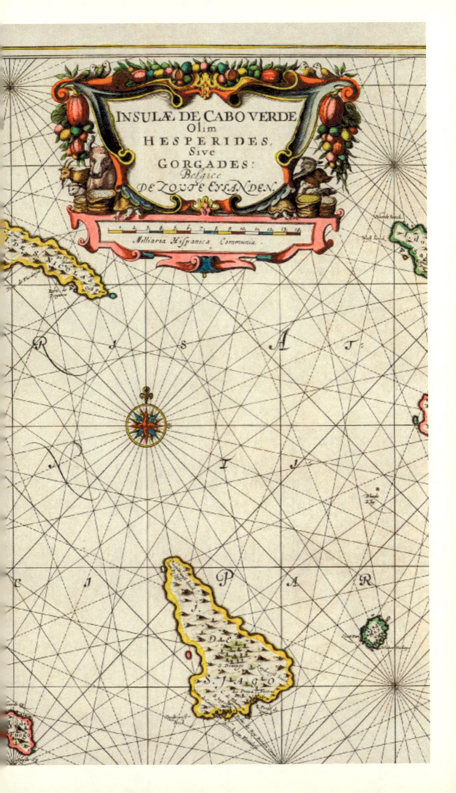

para a maioria era improvável que a vida melhorasse. Os inventários de um grupo de pequenos sertanistas que passaram no sertão a maior parte da vida levam o historiador de surpresa em surpresa. Uns morriam longe de casa, sem testamento, e o inventário só era aberto anos depois, como o do capitão José Leme da Silva, pai de prole numerosa para a qual deixou somente 878$750 réis, dos quais 406$000 constituídos por escravos e 400$000 correspondendo ao valor de uma sesmaria.[71] Outros, mais abastados, deixavam fortuna que se esvaía rapidamente nas dívidas contraídas pela mulher durante o tempo em que a trocara, e aos nove filhos, pela conquista do sertão, como aconteceu ao capitão José Gonçalves Vieira, regente, nos tempos de Luís Diogo Lobo da Silva e do conde de Valadares, das conquistas de Ponte Nova e Abre Campo, pioneiro nos sertões da Casca, Pomba, Peixe e Arrepiados, algoz dos croatos e cropós.[72]

Mais do que ganhos econômicos, esses profissionais do mato parecem ter perseguido o prestígio social possível de se obter em território no qual a fronteira não se atingia nunca, sempre empurrada a oeste, por sobre terra de castelhano, ou a leste, rumo às matas fechadas que bordejavam o rio Doce. Atividades diferentes no sertão levavam a modalidades distintas de enriquecimento e promoção social. Mesmo porque o sertão não era um só, mas muitos. Cada comarca tinha o *seu sertão*, espaço onde os moradores dela se exercitavam em feitos de serviço à Coroa ou de aventura pessoal. O sertão, para os homens de São João ou São José del-Rei, na comarca do Rio das Velhas, eram os cerrados do alto São Francisco, as picadas de Goiás, como então se chamavam; podia ser, também, as escarpas da Mantiqueira, sobretudo para os que viviam em Venda Nova, na Borda do Campo. Para os potentados de Sabará, sertão era o médio São Francisco, a zona de Paracatu, barra do rio das Velhas, São Romão. As florestas cortadas pelo rio Doce, mais ao sul, eram o sertão da comarca de Ouro Preto, mas apresentavam conexões também com a comarca do Rio das Velhas, atraindo alguns de seus homens; era ali que se localizava o lendário Cuieté, o Abre Campo, os Arrepiados. A mata do Peçanha, mais acima, era sertão para os habitantes do Serro e do Tejuco, este já na Demarcação Diamantina.[73]

No esforço de revitalizar a economia da região e premiar aqueles que se empenhassem para tanto, os poderes locais e o governo de Lisboa tiveram de enfrentar os fantasmas interpostos pela geografia mítica, contornando o peso da tragédia que rondava o imaginário das expedições mato adentro, em direção aos limites concretos da capitania ou aos limites simbólicos entre homens e bichos. Acima de tudo, porém, o que decidiu a partida foi o atrativo mítico do mundo selvagem e misterioso do sertão, que desempenhava, naquela época e naquele contexto, fascínio análogo ao desempenhado pela travessia marítima três séculos antes. Nas Minas Gerais, como antes em São Paulo, o sertão se tornou, como escreveu José de Alcântara Machado de Oliveira em 1928, "bem o centro solar do mundo colonial".[74]

3. A dimensão prática

No Brasil a natureza é amiga do homem; mas o homem é ingrato às meiguices da natureza; e todavia o homem vive aqui mais com a natureza que com os outros homens.

José Bonifácio de Andrada e Silva, *Projetos para o Brasil*

Conforme os desbravadores tratavam, na lide cotidiana, de vencer os obstáculos da vegetação densa e dos grandes espaços indevassados, concepções edênicas e trágicas do meio natural iam se alternando no seu universo imaginário. Primeiro, tudo eram mitos e relatos fantásticos. Com as entradas pelo sertão, muitas lendas se evaporaram, evidenciando-se então uma natureza dura de vencer. Para viabilizar a exploração econômica, havia que conhecê-la, dominá-la, representá-la, transformá-la. Os mapas, os roteiros, os nomes conferidos aos acidentes e aos pontos de referência — nomes indígenas, nomes de santos, nomes meramente indicativos de atividades práticas —, os caminhos que iam cortando os matos, as pontes sobrepostas aos precipícios correspondem a esse esforço humano em controlar a natureza. As atitudes práticas ante o meio natural nasceram, portanto, com a ocupação das Minas.

Subordinada inicialmente às obsessões míticas, eclipsada a seguir pelos contornos trágicos da luta do homem com o meio natural, a epopeia que domesticou e definiu o território da capitania tornou-se predominante por volta do terceiro quartel do século XVIII. Aos poucos, os nomes aprisionaram o que parecia indomável. Ao fixar peculiaridades físicas e acidentes geográficos, o homem procurava se resguardar dos perigos, cristalizando-os: Minas Gerais, Ouro Preto, Rio das Mortes, Serro do Frio, Tejuco, Catas Altas, Casa da Casca, Cachoeira do Brumado. Mais ainda, mesclando essas características físicas e alusões à história religiosa, dava sequência a uma prática ordenadora em que, ao lado dos traços mentais seculares, afloravam outros, mais profundos, afeitos à sacralização: Vila Rica de Nossa Senhora do Pilar do Ouro Preto, Vila de Nossa Senhora do Ribeirão do Carmo, Fazenda de Santa Bárbara do Salitre.

Quando se nomeiam acidentes geográficos, ou quando, de óbice, a ação humana os transforma em farol, abre-se espaço ao dito "processo civilizador".[1] Ao narrar a divisão das comarcas, encetada em 1714 com a assistência do sargento-mor engenheiro Pedro Gomes Chaves — um técnico, um cultor das matemáticas, do cálculo exato e racional —, Cláudio Manuel da Costa ressalta a função prática dos acidentes geográficos: a serra da Mantiqueira encontra-se entre a vila de São João del-Rei e a de Guaratinguetá; a comarca de Vila Rica se separa da do Rio das Mortes por meio do ribeiro das Congonhas, e nos limites que a apartam da comarca de Vila Real o poeta destaca, além dos acidentes — o morro mais alto de Itabira, o ribeirão de São Francisco —, as marcas da ocupação humana: "O ribeiro que desce da Ponta do Morro entre o sítio do capitão Antônio Ferreira Pinto, e do capitão Antônio Correia Sardinha".[2]

Cláudio Manuel da Costa escrevia numa época em que os nomes de morros, rios e vales já eram de domínio comum. Em tempos mais antigos, porém, os itinerários de lugares recém--descobertos ainda não nomeavam, recorrendo a outros meios que fazem deles documentos curiosos e eloquentes quanto ao universo mental da época: ao mesmo tempo vagos e detalhados, minuciosos mas cheios de mistério, pois descreviam acidentes sem nome, ou cujas designações ainda estavam por se fixar. Mesmo quando a colonização já se enraizara na capitania, isso continuava acontecendo nas situações de fronteira, como no descoberto da galena do Abaeté:

> Entrando pelo Abaeté acharão três morros onde está o vermelho, e subindo acima deste, olhando para o poente, se avistará um morro pertencente a uma serra da parte do norte, com a tromba no sul, por onde passa um rio de canoa, e seguindo o dito rio nas suas correntes irão a encontrar em outro que corre para a parte do nascente, e seguindo por ele abaixo obra de uma légua, a encontrar em um ribeiro que corre da parte do poente, acharão nele grandeza em suas cabeceiras, e também em suas correntes [...]. Passando à gameleira à outra banda, seguindo quatro léguas, avistarão dois morros grandes, e seguindo por entre eles acharão conta, e seguindo daí dois dias a rumo do sertão acharão três morros encostados a uma serra perto de um rio, onde acharão tanta grandeza qual se não acorda.[3]

Itinerários, roteiros e mapas se imprimiam aos poucos na memória dos entrantes, que os transmitiam oralmente ou os desenhavam, de forma tosca, no papel. Parece que, nesse sentido, foi decisivo o protagonismo dos indígenas, dos quilombolas e dos *práticos* em geral, habituados como ninguém ao sertão e capazes de vislumbrar indícios importantes à orientação onde olhares menos adestrados nada distinguiam de significativo. Nos momentos iniciais da ocupação, importava registrar, fosse como fosse, as informações disponíveis sobre os trajetos, donde talvez se aplique a designação de "itinerários-mapa" sugerida por um estudioso.[4] Pouco depois, a consolidação dos trabalhos mineradores tornou premente a necessidade de representar melhor os locais em que a extração era mais intensa, os cursos dos rios se mostrando, num belo mapa de 1734, curiosamente parecidos com a ramagem das árvores. Os diamantes eram então recém-descobertos, o que explica o destaque ali dado à representação do rio Jequitinhonha.[5]

Na segunda metade do século XVIII, quando o esforço em controlar a natureza e delimitar as fronteiras da região assumiu contornos de verdadeiro programa, os mapas se multiplicaram e se tornaram bem mais precisos. De 1763 data uma outra planta das terras diamantinas, onde vêm fixadas as localizações dos arraiais e dos rios, das barras destes e das pontes que os atravessavam, das lavras antigas, das mais modernas, daquelas que se encontravam "em serviço", ou seja, em funcionamento. Legendas detalhadas instruem sobre os resultados práticos das atividades, uns bons, outros desanimadores: "Neste lugar tirou o quarto contrato 5 mil oitavas de diamantes e quinhentos cruzados em ouro no serviço chamado da barca"; "Foi o corgo mais rico do Serro do Frio, e a maior pedra que se tirou tinha de peso seis oitavas e um quarto"; "Lugar aonde apareceu uma pedra que se quebrou, e havia de pesar perto de cinco oitavas".[6] Uma dessas legendas é particularmente interessante por relatar o enfrentamento com a natureza, generosa mas, se maltratada pelo homem, capaz de negar-lhe o que tem a oferecer:

> Lugar de um sumidouro, que depois de muito trabalho, e despesa para se poder tratar, feita parte do serviço abateram os montes

soterrais, e ficou inacessível; porém, antes de entrar na gruta do sumidouro, tirou o dito contrato (o quarto) perto de um milhão de diamantes.[7]

Sete anos depois, uma curiosa "carta geográfica" mostra preocupação com os limites internos e externos, designando as capitanias vizinhas, os acidentes limítrofes e as comarcas com destacadas letras maiúsculas: a nordeste, indica o já aludido "certão sem cultura the o mar", traçando as fronteiras entre o espaço ocupado pelo trabalho sistemático e o que ainda permanecia indevassado; a oeste, marca a separação entre o universo da "cultura" e o da "barbárie", enunciando os vizinhos: Goiás, Campo Grande, Quilombo do Ambrósio — os dois últimos, célebres aldeamentos de escravizados fugidos.[8] Já havia muito que sucessivos governadores vinham se preocupando com a demarcação dos limites, criando para tal comissões de técnicos e especialistas: a pressão castelhana ao sul da colônia obrigava a definições da fronteira interna. Em 1749, o futuro conde de Bobadela determinara uma demarcação que, comparada com as posteriores, parece ser a que mais se aproxima dos contornos atuais do território. Em 1765, no tempo do governador Lobo da Silva e, ao que parece, sob impulso da política de limites praticada por Francisco Xavier de Mendonça Furtado, irmão de Pombal, nova delimitação foi feita.[9]

De 1778 é o conhecido mapa de José Joaquim da Rocha, ao qual dedicara longos trabalhos. Lá está a divisão interna em quatro comarcas: Sabará, Serro do Frio, Rio das Mortes, Vila Rica. Lá estão os limites externos: São Paulo, Espírito Santo, Rio de Janeiro, Bahia, Pernambuco. Lá estão ainda legendas indicando cidades, vilas, paróquias, capelas, fazendas, estradas, aldeias indígenas, registros, guardas e patrulhas de soldados: mapeado se achava, portanto, o espaço dos homens bem morigerados que trabalhavam a terra, iam à missa, cumpriam funções de vereança, e que não se confundia com o outro espaço, o dos indígenas, mesmo se catequizados; controlada, igualmente, se encontrava a circulação de bens e de pessoas, feita por meio dos registros e das patrulhas. Os propósitos de ordenação do meio natural haviam atingido a maturidade nas Minas.[10]

No terceiro quartel do século XVIII, multiplicaram-se os escritos detalhados sobre a capitania. Datam de então o texto fundador de Cláudio Manuel da Costa, o "Fundamento histórico" ao poema *Vila Rica*, de que se tratará adiante com mais vagar; a mencionada memória de José Joaquim da Rocha, militar e engenheiro português que, em linguagem colorida e viva, faz um balanço da história e das atividades econômicas da região; a notável *Instrução para o governo da capitania de Minas Gerais*, do desembargador Teixeira Coelho, que foi intendente em Vila Rica e preferiu, no seu relato, traçar um quadro detalhado da administração e do funcionamento da capitania, deixando para segundo plano as descrições da natureza física.

Ao narrar o avanço paulista sobre o território das Minas, Cláudio Manuel da Costa havia fixado, em 1773, certa tradição do aproveitamento prático da natureza áspera e hostil:

> Romperam os matos gerais, e servindo-lhes de norte o pico de algumas serras, que eram os faróis na penetração dos densíssimos matos, vieram estes generosos aventureiros sair finalmente sobre a Itaverava, serra que de Vila Rica dista pouco mais de oito léguas.[11]

Anos depois, ao contar na *Memória histórica da capitania de Minas Gerais* os fatos da entrada ao sertão de Bartolomeu Bueno, José Joaquim da Rocha copiaria linha por linha o texto de Cláudio.[12] Ambos os autores desejavam mostrar que, apesar de serem anteparo natural à penetração, dificultando o acesso dos homens e dos animais de carga, as escarpas íngremes e intransponíveis das cumeadas podiam guiar o entrante desorientado e, de empecilho trágico, tornar-se acidentes úteis e apaziguadores. No início do século XIX, escrevendo em contexto diverso, Diogo Pereira Ribeiro de Vasconcelos abraçaria a tradição, sintetizando e simplificando a passagem:

> Não tardou Bueno, escoltado de amigos e parentes, em se fazer prestes para a empresa, que lhe fora recomendada. Partiram, pois, da vila de São Paulo em o ano de 1694; e com os olhos fitos no roteiro de Arzão, internados nos matos gerais, servindo-lhes de ponto fixo o cocuruto de algumas serras, saíram, enfim, na da Itaverava.[13]

No último quartel do século XVIII, já sob impacto evidente da Ilustração e do programa da Academia Real das Ciências de Lisboa, os escritos sobre a capitania passaram a ter acentuado caráter prático e científico. Homens como José Elói Ottoni e José Vieira Couto produziram obras que, descrevendo com detalhe a flora, a fauna, os limites e os acidentes geográficos, procuravam possibilitar a melhor e mais adequada exploração do território. Os objetivos práticos recobriam, entretanto, certa *afetivização da natureza*: o sentimento de pertencer àquela terra, e de desejá-la melhor.

Descrever e ordenar visavam, pois, à *conquista* do espaço e à *civilização* dos seres humanos. Outras passagens do "Fundamento histórico" de Cláudio Manuel da Costa ressaltam o lado prático do devassamento das Minas, quando o apelo do ouro se tornou maior que o do apresamento de indígenas, as caçadas e roças fazendo-se necessárias à subsistência dos sertanistas. Para o poeta, a relação com o meio natural toma as cores da posse e da sujeição física: *rompendo* os matos gerais desde a grande serra do Lobo, que separava a capitania da de São Paulo, os entrantes seguiam "até *penetrarem o mais recôndito* das Minas". A ação dos paulistas

> veio finalmente a produzir a grande utilidade de se desentranharem em toda a sua extensão as minas de ouro do nosso Portugal, de serem penetradas de uns, e de outros, não se perdoando ao rio mais remoto e caudaloso, nem à serra mais intratável e áspera.[14]

Levando-se a "civilização" ao âmago da capitania, *fecundavam*-se as Minas, que passavam assim a gerar riquezas para Portugal:

> *Abertas as montanhas, rota a serra,*
> *Vê converter-se em ouro a pátria terra;*
> *O etíope co'os índios misturado*
> *Eis obedece ao próvido mandado*
> *Dos bons conquistadores: desde o fundo,*
> *De ouro e diamantes o país fecundo*
> *Produz as grandes, avultadas somas.*[15]

Presente desde os primórdios, os objetivos práticos quanto ao controle do meio natural assumem, na pena do poeta inconfidente, força redobrada: sublinha os atos da cultura, e serve para introduzir algumas das grandes personagens "civilizadoras" da epopeia mineradora.

É o caso da celebração dos atos de governantes como d. José Luís de Menezes, conde de Valadares, e d. Antônio de Noronha, ambos empenhados em aproveitar economicamente os confins do Cuieté, na região imprecisa entre Minas e Espírito Santo: região difícil de demarcar por causa da mata virgem, do rio Doce caprichoso e encachoeirado e, sobretudo, dos indígenas antropófagos que habitavam suas margens.[16]

Denotando acentuada perspectiva prática, o conde de Valadares vira na ordenação da natureza a forma de controlar o território e fazer avançar a dominação. Ao capitão Antônio Cardoso de Souza determinou a feitura de um "diário, notando [sic] as paragens, seus nomes, como também os dos rios ou corgos por onde passar, a extensão das marchas [...], sem perder o fazer memória de tudo aquilo que encontrar notável".[17] Lançou as bases da incorporação do Cuieté ao âmbito efetivo do governo português nas Minas, sendo por isso louvado por Cláudio Manuel da Costa:

Domésticas aldeias reconhecem
A proteção do rei; já obedecem
As distantes regiões; vem o tapuia
Do escuro Cuieté, ou do Urucuia
Beijar o santuário: qual se esconde
Rio, ou montanha tão remota, aonde
Não se investigue por seu mando o ouro?[18]

A d. Antônio de Noronha, Cláudio dedicou um poema, composto entre 1779 e 1780 e voltado à louvação da busca ocidental de novas jazidas auríferas que compensassem as do centro declinante. A força civilizadora é ressaltada por ser pacífica — "esta arte rara de vencer sem armas/ tu a sabes, ó ínclito Noronha/ e tu só a praticas" — e reconhecida pelos próprios "bárbaros", representados na fala de um indígena "obsequioso":

Eu e os meus, que habitando as toscas grutas,
Vivendo só do acaso e da miséria,
Endurecendo a pele à calma, ao frio,
Sem mais abrigo que o estéril junco,
Vagos e errantes de um em outro serro,
Já conhecemos a civil polícia

Do teto e do vestido; unidos todos
Em doce paz, os frutos já provamos
Da concórdia e do amor; ajuda um braço
O braço de outro; as sementeiras crescem,
E o trabalho comum é comum prêmio.
Ah! Que de feras nos tornamos homens![19]

Sob a ação civilizadora dos entrantes, ora mítico, ora trágico, o sertão desvenda por fim a potencialidade utilitária. No meio da floresta, entre troncos, junto às grutas dos outeiros, armam-se mesas toscas sobre as quais se servem as caças abatidas tanto com armas de fogo quanto com as setas desferidas pelos indígenas, agora aliados. A idílica cooperação entre as culturas é completada pela amenidade da natureza:

Não falta o louro mel da abelha astuta,
O grelo da palmeira, e a tosca fruta,
Que alguma árvore brota ali nascida,
Por menos venenosa conhecida,
Enquanto os brutos animais a comem.

Quando o "mundo civilizado" orquestra as relações, a reciprocidade torna-se possível: "Tanto dos brutos aprendera o homem!".[20]

Esse olhar utilitarista, expresso pela literatura da época, encobre por completo o outro lado da moeda: o da neutralização e, se necessário, destruição dos indígenas, que o poema apresenta como cordatos e permeáveis à ocupação dos colonos. A realidade, porém, foi bem outra. Divididos entre a esperança de que novas zonas abertas à expansão dos brancos acrescessem à riqueza da Coroa e o temor de que o povoamento destruísse a barreira natural oferecida, a leste, pela floresta virgem e por populações não aculturadas, os governadores hesitaram, conforme revelado pela correspondência administrativa. Por sua vez, os comandantes a serviço nos sertões orientais, entre eles principalmente os do Cuieté, não titubearam em driblar as disposições oficiais e impor práticas ilegais em áreas de ocupação restrita, ante o que os governadores tenderam a fechar os olhos. Como viu o historiador norte-americano Hal Langfur, nem governadores nem seus agentes se consideraram infratores por agirem dessa maneira, pois reproduziam, nas florestas afastadas, as mesmas estruturas "que haviam tradicionalmente servido à sociedade dominante da colônia, fosse em cenários urbanos, fosse nos rurais".[21]

O que contava para essa elite era que o propalado triunfo da "civilização" sobre a "barbárie" trouxesse consigo o aproveitamento prático da natureza. Ressaltar o caráter inóspito do meio natural perpetuava o confronto entre o *homo faber* e o meio físico. Contemporâneo e amigo de Cláudio Manuel da Costa, o governador d. Rodrigo José de Menezes escreveu em agosto de 1780 uma interessante "Exposição [...] sobre o estado de decadência da capitania de Minas Gerais e meios de remediá-lo".[22] Homem ilustrado, imbuído de propósitos reformistas, o conde sugeria, com certa cautela, medidas contrárias à política metropolitana levada a cabo pelo ministro Martinho de Melo e Castro: seu intuito era melhorar simultaneamente as finanças das Minas e as da Metrópole, arvorando-se em fiscal tanto dos "régios interesses" quanto daqueles dos povos que governava. O senso prático domina a parte inicial do escrito, ressaltando o êxito da ação dos homens em vencer os obstáculos da natureza, que é pródiga, mas, conforme pondera, deve ser domada: "Para arrancar das entranhas da terra este metal preciosíssimo, não só é necessário ao mineiro um excessivo trabalho e despesas avultadíssimas, mas ele acha a cada passo obstáculos quase invencíveis".[23]

Ora era uma pedreira irremovível que atravancava a galeria, ora uma língua de terra que avançava rio adentro e impedia o trabalho da mineração, ou era a falta de águas, ou ainda o excesso delas, encachoeiradas e rebeldes — óbices que não devem, entretanto, desanimar o trabalhador. Não é portanto a dimensão trágica da natureza que ressalta do escrito de Cavaleiros, mas a utilitária, valorizada pelo esforço humano.[24]

No início do século XIX, Vieira Couto via a presença do minério na paisagem com olhos de cientista. A meia légua das Catas Altas, encontrou o arraial da Água Quente todo construído sobre lajedos de cobre da espécie vermelha: "salpicados e cravados com a mina cinzenta", o todo formava "um *enxadrezado* agradável à vista".[25] O propósito organizador mostrava-se cada vez mais cotidiano, e às vezes gerava conflitos: nos documentos da época, sucedem-se os casos de vizinhos que disputam córregos minerais.[26] Contra seus atos, muitas vezes desordenados e predatórios, atuava uma legislação específica, procurando impedir que os entulhos de uma lavra obstruíssem os canais do trabalho contíguo.[27] Cláudio Manuel da Costa, que além de poeta foi, no seu tempo, o principal advogado da capitania, notabilizou-se como especialista em disputas que envolviam o controle das águas na mineração, e buscou combinar, nos processos que instruiu, uma orientação mais moderna e afeita à reforma encetada pela Universidade de Coimbra sem contudo deixar de recorrer aos usos do costume, ou seja, do direito consuetudinário.[28]

A mineração exigia trabalho sistemático que domasse a natureza, cortasse montes, desenhasse "tabuleiros" nas margens dos rios e nas encostas, calculasse a escavação cuidadosa de galerias que atingissem os veeiros. A agricultura, por sua vez, já disseminada na capitania ainda na primeira metade do século XVIII, sempre foi tida como a mais ordenada das atividades humanas.[29] Em Minas, as lavouras eram estabelecidas em sesmarias concedidas pelo governo, e Teixeira Coelho define com agudeza a ação transformadora que o engenho humano realizava sobre elas:

As sesmarias são as porções das terras, ou matos maninhos e bravos pertencentes a Sua Majestade, que nunca foram lavradas, nem aproveitadas, e que se concedem a sesmeiros, que os rompam, lavrem, e semeiem, para que haja abundância de mantimentos.[30]

A *Memória histórica da capitania de Minas Gerais* de José Joaquim da Rocha é pródiga em alusões às práticas agrícolas. Conta-nos que em Sabará os "lavradores de milho, feijão, arroz, aguardente e muito açúcar de cana" eram tão numerosos quanto os mineiros; que na Vila do Príncipe cultivavam esses mesmos gêneros, beneficiando-se de "terras de maravilhosa produção" e vivendo "abundantes de todos os víveres necessários". Mas é à comarca de São João del-Rei que dá o maior destaque, qualificando a vila vizinha de São José del-Rei, seu celeiro, de "a mais abundante de toda a capitania", produzindo toucinhos, gado, queijo, milho, feijão, arroz, frutas, entre as quais inclusive as europeias, as maçãs igualando-se às de Portugal.[31]

Tais evidências mostram que a crença nos bons resultados advindos da natureza domesticada pela faina agrícola alcançava difusão considerável. De que serviria o ouro ao homem bem estabelecido em casa decente, protegida por arvoredo espesso mas que permitisse descortinar, da janela, "verdejantes planícies de ricas searas"? O que rodeia essa morada não é mais a paisagem trágica e dura, mas as "campinas cobertas de animais domésticos, que enchem os ares de poeira e de mugidos".[32] Pendências em torno da posse de terras revelam igual ordem nos sítios "com casas de vivenda, águas tiradas com monjolo, chiqueiro e paiol, quintais, seus arvoredos, como são laranjeiras, parreiras e macieiras, e nos ditos quintais mandioca e valo cercado de cerca, e curral de gado, e porcos".[33]

Além da mineração e da agricultura, novas atividades econômicas, se bem organizadas, poderiam trazer riqueza e, ao iniciar o novo século, levantar a capitania. É nesse contexto que José

Vieira Couto defende a exploração sistemática das salinas, por ele qualificadas de "ingentes tesouros, mais preciosos ainda que as ricas veias que cruzam as entranhas dos montes de Minas":

> Se estes homens soubessem armar tanques ou marinhas, onde desenvolvendo uma grande superfície às águas, estas mais depressa se evaporassem, e depositassem o sal em um chão limpo, e em grandes quantidades — quanto estas coisas maneadas não poupariam de trabalho e de tempo!

Nos sertões, a Coroa deveria ter uma salina "que servisse como de modelo à dos particulares", designando para dirigi-la "um *filósofo*, e não um simples salineiro": ecos das Luzes, os desígnios práticos norteando a exploração científica da natureza.[34]

Nesse mundo cada vez mais dominado pelo ideal da natureza domesticada, plantas e animais deviam ser catalogados, ao mesmo tempo que se estudavam as possibilidades de sua utilização prática e, no limite, científica. Em 1772, o conde de Valadares determinava aos membros de uma expedição sertanista que lhe remetessem com brevidade "sementes de todas as qualidades, resinas, raízes com alguns pequenos troncos com a sua folha, fruto e flor". Metódico, definia o modo como deveriam ser acondicionadas as amostras: "É certo que não poderão vir verdes, e bastará que venham secas com a folha estendida, e flor". E continuava, mostrando pendor para a taxionomia:

> É preciso que em cada uma destas cousas ponha Vossa Mercê o seu nome, e sítio onde foi achado; e em uma relação a qualidade, em verde e em seco, a figura, a grandeza, as cores, as utilidades, o modo da manipulação, as dores e as enfermidades a que são aplicáveis.

Valadares mostrava-se um homem perfeitamente familiarizado com as transformações que atingiam o conhecimento científico de seu tempo, consciente da necessidade de descrever exaustivamente para apreender e controlar espécimes e fenômenos novos. É provável que, como seu contemporâneo Bernardin de Saint-Pierre, se inquietasse na busca de uma linguagem nova, adequada às necessidades da ciência, que impunha a descrição e o conhecimento do detalhe.[35] Porque, não importa em que parte do globo, as amostras e espécimes do mundo natural tornavam-se úteis à monarquia, e a prosperidade dos impérios — como o português e o francês — dependia cada vez mais de uma ciência imperial.[36]

A carta terminava com uma declaração de fé no progresso científico: "Eu espero que Vossa Mercê me dê este gosto com brevidade, pois é [sic] muito útil todos estes conhecimentos para adiantar a História Natural".[37]

Valadares pedia também que se enviassem "alguns bichos mais raros, e borboletas, e outros insetos".[38] Homens que domavam a natureza e exaltavam a sedentarização já não viam os animais como monstruosos ou ameaçadores. Fixavam-nos em coleções, deixavam que, domésticos, vagassem pelo quintal ou pelas imediações da casa, fuçando detritos junto à cozinha ou entre as estacas do porão.[39] Ao descrevê-los, faziam-no objetivamente, sem coloração trágica ou teratológica: da onça-pintada, Diogo Pereira Ribeiro de Vasconcelos diz que tem "a pele manchada de ocelos negros sobre um fundo amarelo, mais ou menos fusco, ou claro"; do guará, que "é uma espécie de lobo do feitio de um cão de veados grande, cor baia e ruiva, com beta negra pelo fio do lombo até a cauda, pelo comprido e macio"; da anta, que descreve mais detidamente, destaca a utilidade:

> Tem ordinariamente cor fusca e rosilha, quando chega à velhice; suas peles são tão grossas, que algumas há com meia polegada de espessura; fazem-se delas coiraças impenetráveis ao chumbo e às frechas dos índios. A carne come-se, mas de fibra grosseira é pouco agradável.[40]

Ia ficando para trás o tempo em que a fauna americana, intrigante e ameaçadora, se aproximava da teratologia medieval e carregava segredos insondáveis. Cada vez mais, suscitaria interesse graças à sua utilidade prática, ao proveito porventura advindo da experimentação sistemática que um conhecimento mais especializado propiciasse, cortando as rochas minerais com galerias bem talhadas, explorando com método os depósitos de sal, dispondo organizadamente as árvores de fruta no pomar e as plantas de mantimento nas roças. Como observaram dois historiadores, o mistério ontológico das colônias cedia lugar ao controle imperial.[41]

Mineração, agricultura, salinas adiantariam muito pouco se não houvesse caminhos por meio dos quais seus produtos chegassem à marinha. Sem eles, os catálogos de plantas e animais coletados em expedições fronteiriças não iriam ter às mãos do governante, nem as cartas que este enviasse a seus subordinados os poderiam instruir acerca das determinações reais.

As Minas surgiram sob o signo da abertura dos caminhos, e os primeiros relatos veem no seu traçado a ação vitoriosa do homem sobre o meio ambiente. Garcia Rodrigues Pais ficou na história da capitania como o homem que abriu o Caminho Novo, integrando a região recém-devassada à zona litorânea e permitindo, dessa forma, o intercâmbio comercial e o escoamento do ouro por meio das frotas reais. Transformando-se o inóspito da natureza em elemento de utilidade comum, extraíam-se as pedras das rochas folheadas que compunham os penhascos para, com elas, pavimentar o chão e facilitar a passagem dos cargueiros e liteiras. Em 1710, por ocasião da primeira viagem do recém-designado governador de São Paulo e Minas do Ouro, Antônio de Albuquerque Coelho de Carvalho, que ocupou o cargo entre 1709 e 1713, o Caminho Novo de Garcia Rodrigues havia deixado de ser mera picada, e já tinha feição de verdadeira estrada.[42]

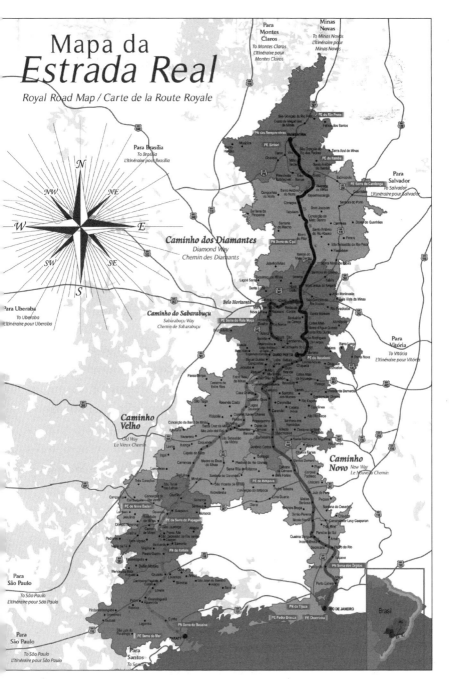

Mapa do Caminho Novo, elaborado pelo Instituto Estrada Real.

O governo não se encarregava da abertura de tais vias, incentivando-a, entretanto, por meio da doação de sesmarias situadas ao longo do trajeto. Uma vez entregues ao tráfego, firmavam-se contratos com os particulares que mais oferecessem em troca de sua exploração. Esses contratadores cobravam direitos sobre o trânsito, "com postos de registro e de guarda, geralmente situados à passagem dos rios e nas gargantas da serra, pontos forçados que nenhuma tropa pode evitar".[43] Porém, com os caminhos estabelecidos, parece que as câmaras municipais arcavam com a manutenção dos que eram públicos, e aos comandantes dos distritos cabia supervisionar tal empenho, e ainda a sua limpeza.[44] O mesmo acontecia com as pontes sobre rios, e as câmaras se mostravam sempre queixosas ante a necessidade de repará-las para que não ocorresse prejuízo ao comércio.[45]

O bom estado e a conservação das estradas eram imprescindíveis à continuidade do mando e ao exercício do governo metropolitano nas terras longínquas das Minas. Caminhos em ordem facilitavam contatos, viabilizavam a comunicação, permitiam que as tropas reais chegassem a lugares sublevados. Ainda nos tempos difíceis do conde de Assumar, quando Pitangui se levantou, o capitão de dragões José Roiz de Oliveira e seus homens escoltaram o ouvidor do Rio das Velhas, "marchando por caminhos mui agrestes e passagens de rios perigosos". A dificuldade das vias propiciava que ao longo delas se armassem ciladas, e os revoltosos acabaram controlando a estrada. O comandante e seus dragões tiveram então que abrir uma picada pelo mato, "com muito trabalho, rompendo uns morros inacessíveis, onde encontraram outras ciladas em que houve bastantes feridos e evidente perigo de se perderem todos". Pela terceira vez, os dragões mudaram o itinerário, e de novo se viram às voltas com a hostilidade da natureza, rasgando passagem pelo matagal até desbaratarem, depois de muito tiro e algumas mortes, os revoltosos ocultos no meio das brenhas.[46]

Os caminhos eram as artérias da "civilização", os diques a conter a propalada "barbárie" dos indígenas, o traçado regular e ordenado que se sobrepunha aos cerrados impenetráveis. Deveriam ser curtos, afastando para longe os "feios monstros" e a "indômita gente", e não sinuosos, perdendo-se pelos recôncavos das serras.[47] Quanto mais direitos, com maior diligência conduziriam aos portos os produtos das Minas, fazendo, da mesma forma, fluir para a capitania os artigos importados. Quanto melhores, mais facilmente possibilitariam à justiça chegar em paragens remotas, como era o caso, em 1792, de Conceição do Mato Dentro, distante da Vila do Príncipe "doze léguas de péssimo caminho em tempo de águas", ou do Serro, que ficava a "dez léguas enfadonhas" do Tejuco.[48] Quando "ruins e fechados", como os que levavam a Araçuaí, não permitiam que se avançasse senão umas poucas léguas, três ou quatro por dia, o viandante parando a cada passo para cortar o mato.[49] Na demanda do rio Indaiá, a expedição de Vieira Couto seguiu por um caminho precário que, aos poucos, ia perdendo a nitidez do traçado, até se acabar de todo. Com significativo retardo da marcha, que se tornou "pesada e vagarosa", os homens, armados de foices e machados, tiveram de ir picando nova estrada.[50] O ideal era esperar a época de estiagem para abrir caminhos, o que, contudo, nem sempre se verificava possível.[51]

Havia-os muito estreitos, havia-os mais largos. Nos documentos, sua medida aparece ora em palmos, ora tomando por referência a dimensão de veículos e animais. Picadas mediam entre quatro e oito palmos, e nelas não seguia senão "um cavaleiro atrás de outro"; por caminhos, transitavam carros de dez palmos de largura, neles podendo "emparelhar dois cavaleiros"; os maiores mediam dezoito palmos de largo, como o que saía da fazenda de Antônio Marques Guimarães, nas margens do rio das Velhas, e ia para o Serro. Fossem largos ou estreitos, picadas ou caminhos, serviam, como os cumes dos montes, de pontos de referência: a parda Inácia Veríssima de Sousa vivia num sítio "retirado da estrada obra de três tiros de bala"; a morada de Luís da Costa Correia Camões distava meia légua do arraial dos Macacos, "e desviado da estrada um tiro de espingarda, logo mais adiante tem outro sítio, donde é morador o capitão Antônio Dias Silva, arredado da estrada dois tiros de espingarda".[52]

Apesar da utilidade reconhecida, a abertura de caminhos trazia um sem-número de problemas, gerando pendências judiciais entre proprietários de terras contíguas. Toleravam-se as estradas pequenas e as pinguelas que deixassem passar, em emergências, o padre para o sacramento ou o médico para o remédio. Mas fazendeiros e pequenos sitiantes muitas vezes achavam por bem abrir estradas maiores, que facilitassem o comércio dos gêneros produzidos, e então os vizinhos protestavam, alegando o prejuízo que sofreriam com as tropas de bestas a trafegar pelas terras onde plantavam mantimentos, pomares de fruta, canaviais.[53] Acontecia de particulares mandarem limpar um caminho que não era seu, nem passava por terras de sua propriedade, mas que lhes era útil como escoadouro de produtos; outros moradores começavam a se servir dele, e o dono das terras que cortava sentia-se prejudicado. Foi este o caso de João Lopes, que tapou uma estrada e nela fez dois valos; o juiz vereador de Mariana escreveu ao governador, conde de Valadares, relatando o incidente, e pedindo providências no sentido de pôr "o caminho franco, e desimpedido para o uso comum do povo": mesmo que fossem privados, caminhos eram também considerados de utilidade pública.[54]

Mas o entendimento do que era público e do que era privado mostrava-se, então, variável e nebuloso, achando-se na raiz de muito conflito vicinal que vinha à tona devido a tal ambiguidade. Em 1769, a viúva Rosa Maria de Araújo Coutinha teve sério desentendimento com o alferes Bernardo Gonçalves porque este, para seu cômodo, abrira um caminho para ir de suas terras a Mariana, sendo que já existia um outro. Esta *servidão*, alegava a viúva, prejudicava-a em demasia:

> Diminui o valor do sítio, pelo frequente uso de passarem pelo seu terreiro uns, e outros viandantes de pé, e de cavalo, devassando-o no mesmo ato os recatos da casa da suplicante, e danificando crias, criações e frutos pendentes da sua cultura, e dejetos que se arrojam no terreiro, como em eira.[55]

Encerrando contradições incontornáveis, essas vias foram objeto de discussões sem fim. O reconhecimento da capitania, sua redução ao "mundo civilizado" e o traçado do espaço interno das Minas passavam obrigatoriamente pela abertura e mantença dos caminhos. O governador d. Rodrigo José de Menezes dedicou-lhes muita atenção, refazendo os principais que ligavam os centros urbanos de Vila Rica e Mariana. Empenhado na abertura de estradas, idealizou a criação dos Correios, posta em prática apenas por Luís da Cunha Menezes, que, em 1784, sucedeu-o no governo.[56]

Nos caminhos residiam os moradores que viabilizavam a alimentação das tropas em movimento, sustentando-as com feijão, milho, farinha, e fornecendo ainda capim para os cavalos.[57] Por outro lado, as tropas traziam prejuízo aos mesmos moradores, e os que viviam nas imediações do caminho do Rio de Janeiro se queixavam junto a Valadares de sofrer "o peso dos soldados aquartelados", o dos presos, o dos tropeiros, que punham os animais a pastar "nas melhores capoeiras das suas fazendas", sem nada lhes dar em troca.[58] Apesar disso, sabe-se que, pelo menos em 1777, disposições oficiais determinavam que os habitantes do caminho para São Paulo arcassem com a alimentação das tropas, devendo, em troca, receber pagamento imediato, em ouro.[59]

Ao mesmo tempo, pelos caminhos fugiam os revoltosos, os contrabandistas, os salteadores, e por eles escapavam, em carregamentos clandestinos, o ouro e os diamantes destinados ao Erário Régio. Em regiões remotas, o problema era mais candente. Em 1770, Valadares temia que, por caminhos, trilhas, veredas ou picadas ilícitas, pudesse se extraviar ouro para o Espírito Santo e, de lá, para os portos do litoral. Pediu que, se encontrados, fossem obstruídos, mas tal era o emaranhado dos matos que só os indígenas se mostraram aptos à diligência, ao fim e ao cabo nada se descobrindo de irregular.[60] Anos depois, d. Antônio de Noronha instruía os funcionários destacados nas frentes pioneiras para que impedissem entradas sertanistas pela parte dos campos dos Itacazes (Goytacazes?), que serviam de "muro" natural à capitania e não deveriam ser desbastados por veredas, úteis apenas aos extraviadores.[61]

Caso limite parece ter sido o dos caminhos que uniam a capitania da Bahia à das Minas Gerais. De Salvador, o governante d. João de Lencastre sustentou em 1701 que deveriam ser abertos para facilitar o escoamento do gado em pé fornecido pelos sertões baianos a fim de abastecer a região mineradora, assolada desde os seus primórdios, em 1694, por crises terríveis de fome. A Coroa, por sua vez, proibiu que se abrissem, temerosa, entre outras razões, de que viabilizassem a passagem de contrabandistas e o acesso a estrangeiros invasores, atraídos pela fama do ouro. Uma das saídas para o impasse foi bastante curiosa: o rei recomendou inspeção detida sobre as fortalezas marítimas e a preferência por vias de traçado muito difícil, assim entravando virtuais invasões.[62]

Durante a inquirição dos inconfidentes, muita notícia do que se passava correu pelos caminhos, em bocas de viandantes; antes dela, parte do que se tramou teve lugar nas estalagens e pontos de troca de animais que os bordejavam.[63] Quando João Dias da Motta viajava de sua fazenda para São Bartolomeu, encontrou Tiradentes no caminho do Rio de Janeiro, nas Bananeiras. Sob um calor intenso, descansaram no mesmo rancho; perguntado pelas novidades, o Alferes, deitado numa esteira, respondeu com seu discurso apaixonado sobre a sedição: as prováveis adesões inglesa e francesa, as naus que viriam com tal aliança, o espraiamento da revolta por Mato Grosso, Paraíba, Pernambuco, Bahia, Rio de Janeiro...[64] Na estalagem do Costa, situada na Varginha do Lourenço, freguesia dos Carijós, Tiradentes dissera coisas de pasmar, que depois serviram de base a algumas das mais sérias acusações feitas contra ele.[65] Pelo caminho do Rio de Janeiro, o porta-estandarte do regimento de cavalaria Francisco Xavier Machado — que, na mesma estrada, pela boca de um boiadeiro, já ouvira falar de levante — foi encontrando os implicados presos: Tomás Antônio Gonzaga, o padre Correia, Alvarenga Peixoto.[66] Foi também nos caminhos que o alfaiate Vitoriano Gonçalves Veloso tomou conhecimento das prisões que estavam se fazendo, encontrando inclusive com Gonzaga já em ferros.[67] Pelo caminho, os tropeiros riam e mofavam de Tiradentes, segundo eles um "doido" que acreditava poderem os povos das Minas "viver independentes de Portugal".[68]

Caminhos, portanto, haviam de ser abertos com prudência e cálculo a fim de que não facilitassem o acesso ao que era preciso obstruir. Se era necessário abrir estradas para continuar a colonização, era imprescindível controlá-las para não a perder de vez. Se urgia normatizar o cotidiano para poder tributar o ouro e os diamantes, havia que criar bases concretas que apoiassem o aparelho fiscal. Sem as vilas e os arraiais, não se podia levar a bom termo a arrecadação, e assim perdia-se a capitania que a natureza fizera tão rica. Para explorar estas riquezas, e para estabelecer núcleos urbanos, não se poupava o meio natural. No controle sobre ele, portanto, eclodiam, mais uma vez, as contradições do processo colonizador.

Entre 1711 e 1716, fundaram-se as vilas mineiras onde antes existiam arraiais. Os grandes "urbanizadores" das Minas foram, neste sentido, os dois primeiros governantes: Antônio de Albuquerque Coelho de Carvalho (1709-13) e d. Brás Baltazar da Silveira (1713-7). Com as vilas vieram as câmaras, e, com estas, uma política de ordenação do meio natural. Autos de correição e de vereança indicam o intuito de se demolir os matos "na circunferência da vila" para que ficasse "mais desassombrada e lavada dos ares", evitando-se desta forma tanto "o prejuízo dos bichos e feras que neles se criam" quanto o perigo advindo dos criminosos e quilombolas que em tais matos poderiam se esconder.[69]

O desmatamento a que se procedia para estabelecer lavras e roças foi responsável pelo sumiço de boa parte da abundante vegetação de florestas e cerrados característica dos primeiros tempos das Minas. As madeiras eram cobiçadíssimas pelos mineiros, que as arrancavam ao léu, devassando lavouras, derrubando cercas, negociando-as com carreiros que as furtavam para vender.[70] Preferiam-se os troncos de grande porte, fibrosos e macios, bons para fabricar bateias. Incendiava-se, como método, a cobertura vegetal, acarretando o desaparecimento paulatino dos mananciais de água.[71] Ao iniciar o último quartel do século XVIII, o desembargador Teixeira Coelho condenava a facilidade com que se concediam sesmarias, causando mais prejuízos do que benefícios: para cultivá-las, queimavam-se "os melhores matos, e os mais próximos às povoações", e os povos delas ficavam sem madeira, lenha e capim onde pudessem trazer "a pasto os seus gados".[72] Quando findava o mesmo período, em 1799, José Gregório de Moraes Navarro lamentava a destruição:

> Corram-se as vizinhanças das grandes povoações da capitania de Minas Gerais, e procure-se em todas elas alguma daquelas preciosas árvores, que faziam em outro tempo o seu mais belo ornamento, e não se achará nem os sinais da sua antiga existência.[73]

Também as expedições de reconhecimento destruíam: para estabelecer roças e erguer choupanas, permitindo sobre elas incidir a luz do sol que, de outra forma, era barrada pelas copas frondosas, "soavam os machados, e por todos os lados se ouvia o horrendo fracasso das árvores que se derrubavam".[74]

Desconhecedores das técnicas modernas, os mineiros ignorantes — é o ilustrado Vieira Couto quem considera — tinham que pelejar com rios "grossos e pesados", suspendendo e recuando suas águas, mudando-lhes o curso, fabricando-lhes leitos de madeira e os fazendo rodar suspensos; estancavam poços profundos, lidavam com olhos-d'água, enfurnavam-se entre altas penedias na demanda dos sumidouros, nivelavam terrenos, quebrando pesadas pedras e removendo "imensos montões de terra".[75]

Com o declínio do ouro, ressaltou-se o caráter destrutivo das atividades mineradoras e se exaltou a agricultura: esta se renovava anualmente na superfície do solo; aquela enfeava a terra, quebrava os montes elevados, revolvia e arrancava suas entranhas.[76] Mas mesmo o cultivo do solo carecia de melhoramentos, que o podiam tornar menos destruidor e mais lucrativo: "O uso do arado é quase desconhecido; não há outro modo de cultura, senão o de derrubar, roçar e queimar os matos para depois plantar os grãos".[77]

No processo de destruição da natureza inclui-se a diminuição da fauna, que algumas autoridades administrativas chegaram a considerar alarmante. Em 1792, escasseavam as codornizes nas imediações da Vila do Príncipe, e a câmara decidiu estender para dois ou mais anos a proibição da caça, que pesava sobre determinados meses.[78] Em termos gerais, para tal decréscimo deve ter concorrido a disseminação do hábito da caçada: Félix Corrêa de Toledo, por exemplo, costumava caçar com o tio, o vigário Carlos, nas suas fazendas do rio das Velhas.[79] Se uns caçavam por distração, outros o faziam por necessidade ou contingência. As expedições que entravam pelos matos e sertões levavam mantimentos, mas amiúde valiam-se da caça. O relato de Inácio Correia Pamplona é pródigo em alusões a esta atividade, mostrando que era cotidiana: num só dia, seus homens mataram, "com bem trabalho", uma onça e cinco perdizes nas margens de um rio; muitos veados fugiram, mas caçadores vindos de outro lado trouxeram mais quatro destes animais, dez perdizes e "uns poucos de jacus", logo integrados ao cardápio dos entrantes.[80] Em outra circunstância, Pamplona foi caçar com o capelão da companhia e matou 24 porcos-monteses de queixada branca.[81] Mesmo assim, no início do século XIX ainda havia quem registrasse a existência de muita caça, tanto terrestre — veados, coelhos, porcos-do-mato — quanto do ar, destacando-se as codornas e as perdizes.[82]

Nessa época, o viajante se espantava com o desalento das povoações mineiras: "tudo são ruínas, tudo despovoação", diria entristecido Vieira Couto.[83] Estrangeiros como Spix e Martius registraram a paisagem desolada que um século de mineração introduzira na outrora exuberante capitania das Minas. Encobrindo a terra vegetal das margens dos rios, o cascalho e o pedregulho revolvidos pelo mineiro geravam aridez; as queimadas deixavam o terreno montanhoso sem a defesa dos matos e fadado a se esboroar em sulcos:

> Passamos por alguns jardins guarnecidos com fúcsias, em seguida pelo Hospício de Jerusalém, e, ao longo de uma profunda depressão, para uma garganta de rochas nuas que, cheia de destroços de pedras e de contornos irregularmente partidos, dava a impressão das mais agrestes ruínas. Espantamo-nos, quando o nosso amigo nos declarou que esta era a rica mina de ouro de Vila Rica.[84]

O que se fizera do lindo Jardim das Hespérides que, cem anos antes, sugerira aos entrantes visões edenizadoras?

Spix e Martius estranharam Vila Rica mas se deslumbraram com os coroados da aldeia de Morro Grande: a bela indígena nua se banhando no rio; o nativo que indicava o córrego "esticando o beiço em focinho" quando os viajantes lhe pediram água potável; o papagaio, as galinhas silvestres, "o lindo jacu", os macacos que, "correndo à vontade por ali, pareciam da intimidade da família".[85]

Os indígenas não destruíam a cobertura vegetal, não escalavravam o solo, não matavam animais por prazer. Os portugueses colonizadores, os mineiros que pagavam quintos e proviam à subsistência da capitania estavam condenados a maltratar a natureza: a destruição era a face gêmea do seu aproveitamento prático. Mas nem por isso os homens das Minas ficaram alheios aos encantos do meio que os circundava: fosse pelo ângulo da edenização, da tragédia ou do espírito prático, eles o introduziram no mundo dos afetos, fixando-o em belas expressões visuais e escritas.

4. A dimensão afetiva

Do trono os resplendores
Façam a nossa glória, e vestiremos
Bárbaras penas de vistosas cores.

Para nós só queremos
Os pobres dons da simples natureza,
E seja vosso tudo quanto temos.
Alvarenga Peixoto, "Ode à rainha d. Maria I"

Na segunda metade do século XVIII, verificou-se em Minas uma floração intelectual e artística sem par na América portuguesa. A música, as artes visuais, a arquitetura produziram frutos de rara qualidade, e os especialistas não se têm cansado de sublinhar seus traços específicos, alguns dos quais, como a fachada curvilínea e as torres arredondadas de algumas das principais igrejas construídas no terceiro quartel do século, constituindo verdadeira invenção.[1] Joaquim Emerico Lobo de Mesquita, Antônio Francisco Lisboa, conhecido como Aleijadinho, e Manuel da Costa Ataíde são alguns dos nomes exponenciais desse momento, mas muitos outros se destacaram, e causa espanto, sobretudo, a notável pujança das atividades dos músicos mineiros, quase todos mestiços de portugueses e africanos, naturais da terra e, ao que tudo indica, sinceramente identificados com ela.

Música, desenhos, pinturas, imagens, estátuas, edifícios leigos e religiosos deixaram o testemunho de que as formas tradicionais de representação acolhiam elementos esparsos próprios a uma percepção já específica do meio natural. Os profetas do Aleijadinho que quase alçam voo no espaço aberto que circunda a igreja de Matosinhos em Congonhas do Campo lembram o barroco da Europa Central, mas têm olhos amendoados como os dos habitantes de Goa e Macau, cidades orientais sob controle português, ou, mais presumivelmente, como os dos indígenas que habitavam o sertão leste da capitania de Minas Gerais. Anjos, flores, árvores, bichos da natureza do Brasil ornamentam a pintura de tetos e paredes de igrejas, baixos-relevos de pedra-sabão, iluminuras. As igrejas de São Francisco de Assis e de Nossa Senhora do Carmo, bem como a Casa da Câmara e Cadeia que compõem a praça Minas Gerais, em Mariana, ilustram como nenhum outro lugar nas Minas, talvez, a relação entre a religião, o poder e o meio natural. Entre a igreja de São Francisco de Assis e a Câmara ergue-se um pelourinho.[2] O conjunto situa-se no topo de um morrete e parece flutuar, emoldurado, ao longe, pelas montanhas. Põe em cena o controle religioso e político sobre o meio circundante, representa a sujeição de homens e natureza à metrópole longínqua.

Aspectos da natureza local foram também encenados nos cartuchos que acompanhavam os mapas de Minas Gerais. Marcados pela influência das Luzes, estes se tornavam cada vez mais precisos, empenhando-se em representar fielmente o real sem contudo abrir mão dos espaços míticos, que, mais esparsos, seguem indicando nomes e locais, como serras e lagoas maravilhosas: indício de que o representado é, antes de tudo, expressão do universo mental do cartógrafo.[3] Donde poder-se ler os mapas também como registros das ligações afetivas dos naturais das Minas com a região de origem. O caso de José Joaquim da Rocha seria peculiar porque, mesmo não tendo ali nascido, parece ter se identificado com a capitania, chegando inclusive, conforme pesquisas recentes, a aderir aos propósitos sediciosos da Inconfidência. O cartógrafo representou as Minas enquanto *todo* — num mapa geral da capitania — e enquanto *parte* — as quatro comarcas que a compunham, registrando o espaço do ponto de vista da administração e da justiça, tal como o fazia a Coroa portuguesa.[4] Em cartuchos cuja graça e beleza os estudiosos não se cansam de ressaltar, qualificou cada uma das regiões com os atributos que julgou adequados. Naquele em que representou a comarca de Sabará, postou do lado esquerdo um indígena a mirar sob a flecha de seu arco o cartógrafo que, imperturbável, continua entretido na medição e desenho dos acidentes geográficos que lhe coubera representar.[5] O indígena vigilante remete a outros, de grupos variados, que ainda ocupavam partes consideráveis dos sertões da vasta comarca do Rio das Velhas, sobretudo para os lados do rio São Francisco, e que povoam os documentos da época como inimigos do gênero humano e feras irascíveis. Tenso, com a corda do arco distendida, o "bárbaro gentio" espreita a prática profissional e técnica de Rocha, e, como observado por Junia Furtado, o fato de pertencer ao espaço da "civilização" é o que lhe garante a impassibilidade.[6] Já o mapa sobre a comarca do Rio das Velhas apresenta, no canto direito superior, um cartucho no qual se vê, de um lado, uma palmeira carregada e, do outro, um cesto cheio de frutas: elas foram provavelmente retiradas das árvores pelo homem, que as acomodou num artefato característico da domesticidade cotidiana, e parecem invocar a pujança agrícola da região, que, havia algum tempo,

Mapa da comarca de Sabará, *1777*, de José Joaquim da Rocha.

Detalhe do cartucho do Mapa da comarca de Sabará.

vinha se tornando celeiro das Minas e fonte de abastecimento das capitanias limítrofes, entre as quais se destacava a do Rio de Janeiro. Embaixo, no canto direito, há também um indígena, mas este se limita a observar, sem recorrer ao arco e às flechas, que mantém apoiados sobre a terra. Defronte a ele, pousada num galho de árvore, vê-se uma ave de rabo comprido, que remete à fauna específica da região.[7] Sobre o mapa que representa a comarca de Vila Rica, Junia Furtado fez observação que me parece justa: só nele há a cornucópia da abundância, empunhada por uma indígena graciosa e robusta, cocar à cabeça e saiote de penas a lhe cobrir as partes íntimas, sugerindo certa proeminência na hierarquia do grupo in-

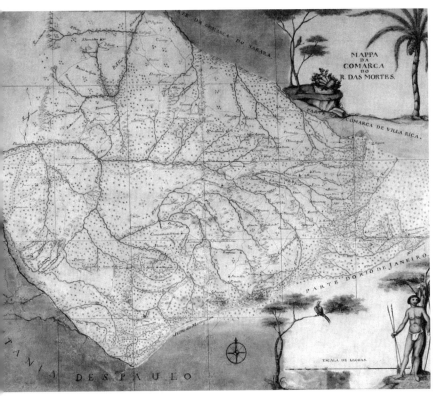

Mapa da comarca do Rio das Mortes, *1778, de José Joaquim da Rocha.*

dígena e invocando o papel destacado que ocupava Vila Rica, o principal centro urbano das Minas, desde algumas décadas sendo o local de residência do governador e das autoridades da administração, das armas e da justiça, enquanto a vizinha Mariana, a única cidade da capitania, era a cabeça da administração eclesiástica e sede do bispado. A importância dessa comarca é reforçada pela ênfase nos atributos da natureza: maior quantidade de frutos da terra, maior número de pássaros empoleirados na árvore, e mais variados. O cartucho é o único a contar com dois montezinhos, alusão provável ao relevo muito acidentado das imediações de Vila Rica, dominado pelo pico do Itacolomi, ao qual, como se verá

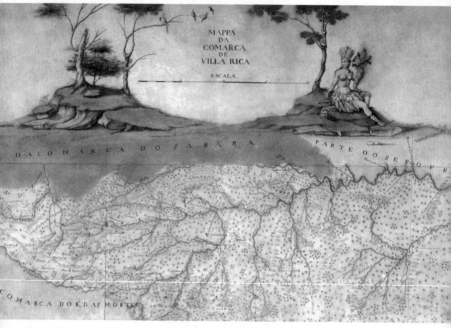

Mapa da comarca de Vila Rica, *1778, de José Joaquim da Rocha.*

logo mais, o poeta Cláudio Manuel da Costa deu estatuto mitológico no poema épico batizado com o nome da comarca principal.[8] Por fim, o cartucho referente à comarca mais afastada, a do Serro do Frio, traz igualmente uma divisão em dois quadros, sendo que a figura humana representada é uma indígena nua, despojada de qualquer adereço, reclinada em pose lânguida ou apenas indolente, à sombra de uma árvore carregada de frutos, tendo perto de si um cesto com alimentos e uma ave abatida, sugerindo, como viu Junia Furtado, que mesmo na ausência de qualquer esforço humano transformador, a natureza é dadivosa.[9]

Nossa autora sustentou que José Joaquim da Rocha, denunciado como inconfidente, havia de fato se envolvido no movimento, e expôs com imaginação e minúcia os elementos que embasam

Detalhe do cartucho do Mapa da comarca do Serro do Frio, *1778, de José Joaquim da Rocha.*

sua hipótese e que são bastante convincentes. Seus argumentos indicam algo que não chegou a desenvolver, mas que contém sugestão importante: a serem verdadeiros, não importava, então, haver nascido na região, mas identificar-se a ela por motivos que poderiam ser variados, sensibilizando-se ante suas potencialidades, sua natureza bela e trágica, seus habitantes, as injustiças advindas da dominação colonial e que cabia combater. A ligação afetiva entre os habitantes e a região não apresentava tom nacionalista, porque aquele não era um mundo de nações, reinóis e portugueses da América achando-se contidos no corpo comum da monarquia lusitana e seu império. Contudo, seja ainda sob o peso traumático da repressão que se abatera sobre a Inconfidência, se-

Detalhe da Carta geográfica da capitania de Minas Gerais, *1804, de Caetano Luiz de Miranda.*

ja porque de fato havia mudanças profundas em curso, um outro cartógrafo, Caetano Luiz de Miranda, optou sugerir, no cartucho de sua *Carta geográfica da capitania de Minas Gerais*, de 1804, uma colaboração entre o habitante natural do país e o técnico, ou especialista, que punha no papel a configuração da terra paulatinamente decifrada e conhecida.[10] Ao contrário do indígena na tocaia do cartógrafo, tal como representado anos antes pelo possível inconfidente José Joaquim da Rocha, Miranda incorporou uma palmeira à sua ilustração, erguida às costas do indígena nu que,

Mapa da comarca de Vila Rica, *1779, de José Joaquim da Rocha.*

segurando um arco na mão esquerda, abaixada em direção ao solo, estende amistosamente o braço direito para o cartógrafo. Em caso de necessidade, o indígena trazia um provimento de flechas preso à cintura, da mesma forma que o cartógrafo tinha à mão a espada embainhada. A concórdia podia ser momentânea, mas os acontecimentos haviam deixado cicatrizes, e o que se buscava era harmonizar as diferenças e dissolvê-las no convívio comum viabilizado por meio da paisagem mineira.

O desenvolvimento cultural mineiro intensificou-se sobretudo na segunda metade do século XVIII, quando o ouro escasseava, e muito se escreveu sobre essa aparente contradição. Para tentar decifrá-la, é preciso ter em conta que só naquele momento se constituíra um verdadeiro *sistema cultural*. Os núcleos urbanos achavam-se então melhor conformados, o meio social mais definido em suas peculiaridades, bem implantado o mando, esboçadas as relações entre os produtores de cultura e um público consumidor, por mais incipiente que se apresentasse.[11] Além disso, a "decadência" demandava soluções, e a elite local estava, mais do que antes, aparelhada para buscá-las: frequentava universidades europeias, informava-se sobre o ideário ilustrado e sobre as técnicas modernas, nutrindo, em muitos casos, admiração fervorosa pelo espírito científico. Burlando as restrições, os livros entravam na capitania, havendo mesmo comerciantes locais que os encomendavam e os vendiam aos clientes.[12] Certas bibliotecas comportavam algumas centenas de títulos, como a mais importante de que se tem notícia, de propriedade do cônego Luís Vieira da Silva, da Sé de Mariana.[13] Cláudio Manuel da Costa e o advogado José Pereira Ribeiro também contavam, em suas casas, com muitos livros, e os que, como eles, os tinham em bom número costumavam emprestar aos amigos, preenchendo, na medida do possível, a ausência das bibliotecas públicas, inexistentes na época.

Ao se aproximar da cultura europeia e incorporar certos elementos próprios às transformações profundas que a atravessavam, a elite intelectual das Minas buscava contudo subsídios para refletir sobre a realidade específica de sua terra. A percepção da propalada decadência fez-se acompanhar de um sentimento regional mais intenso, e este manifestou-se, com frequência, na incorporação da natureza ao universo dos afetos.

Homem muito identificado ao Velho Continente, Cláudio Manuel da Costa viveu atormentado por sentimentos contraditórios com relação à terra natal, que amava mas que não se furtava de confrontar à Corte, que via como mais polida e civilizada:

> Torno a ver-vos, ó montes; o destino
> Aqui me torna a pôr nestes oiteiros,
> Onde um tempo os gabões deixei grosseiros
> Pelo traje da Corte, rico e fino.[14]

Muitos dos seus versos evidenciam a identificação com a natureza dura e peculiar das Minas. Na "Carta dedicatória" com que oferece o *Vila Rica* ao governador conde de Bobadela, Cláudio expressa a ambiguidade dos seus sentimentos: Minas Gerais é referida como "minha pátria", mas também como "as Minas de ouro do nosso Portugal". A oscilação entre o afeto pela capitania de origem e a fidelidade à Metrópole começava a expressar o dilema de ser luso-brasileiro.[15] A riqueza do lugar é um dos elementos justificadores do entusiasmo "patriótico", que — intui o poeta — pode ter cheiro de sedição para os governantes:

> E se estas Minas, pela riqueza que têm derramado por toda a Europa, e pelo muito que socorrem com a fadiga dos seus habitantes ao comércio de todas as nações polidas, eram dignas de alguma lembrança na posteridade, desculpa o amor da pátria, que me obrigou a tomar este empenho, conhecendo tanto a desigualdade das minhas forças. Estimarei ver elogiada por melhor pena uma terra, que constitui hoje a mais importante capitania dos domínios de Portugal.[16]

Mais do que Minas, na época espaço amplo e ainda meio vago, cabia exaltar o local específico de origem. Recortando o sentimento "patriótico", Cláudio o localiza, num conhecido soneto, nas imediações do ribeirão do Carmo, o "pátrio rio". Opõe sua paisagem à europeia: não se veem pelas margens álamos copados, ou ninfas cantoras, ou gado a pastar, mas areias pálidas e águas turvas, que, malgrado a aparência feia, encerram "riquíssimos tesouros":

> *Que de seus raios o planeta louro*
> *Enriquecendo o influxo em tuas veias,*
> *Quanto em chamas fecunda, brota em ouro.*[17]

Nas alusões constantes a montanhas, rochedos, grutas, penhascos, penedos, penhas, "pedra, áspera e dura", "altas serras" que servem de muralha, faz-se presente a natureza montanhosa das Minas, a impregnação da paisagem local:[18] "imaginação da pedra", "anseio profundo de encontrar alicerce", diria Antonio Candido.[19] É bem verdade que tais referências são comuns ao acervo da poesia arcádica e, como tal, poderiam sugerir antes adesão a tópicos bem estabelecidos do que adoção de traços peculiares. Porém, quando essas recorrências são associadas às passagens em que o próprio poeta vincula a obsessão pela pedra e pelo relevo acidentado aos traços da sua biografia, fica evidente a inserção da paisagem regional num universo afetivo:

Destes penhascos fez a natureza
O berço em que nasci: oh, quem cuidara
Que entre penhas tão duras se criara
Uma alma terna, um peito sem dureza![20]

Cláudio Manuel da Costa movia-se, assim, entre a montanha ideal e a montanha vivida, conforme as imagens vigentes na tradição ocidental desde Petrarca: montanhas míticas, cujos cumes eram "ancoradouros da serenidade bucólica cara ao romance pastoril", imagens "da iniciação do homem do Renascimento à aristocracia das Letras", mas também território propenso às catástrofes naturais, aos desmoronamentos, aos rigores do frio, às mudanças climáticas inesperadas, à vertigem imposta pela altura. Ao longo do século XVII e do XVIII foi-se impondo a imagem da montanha como relacionada a regiões inóspitas, habitadas por seres selvagens e infensos ao processo civilizador. No soneto acima, contudo, o poeta pondera que o fato de pertencer a essa "paisagem vertical" não lhe contaminou o ser profundo, não o tornou incapaz de ternura e de afabilidade. Se incontáveis preconceitos circularam na Europa acerca dos montanheses — e Cláudio os devia conhecer bem —, o polimento advindo da adesão ao "mundo civilizado" minorava o que o determinismo geográfico parecia, na época, impor aos que viviam entre abismos e penhascos.[21]

O mesmo acontece quando a natureza acidentada e pedregosa está explicitamente referida à capitania "rude" e aos habitantes "selvagens", uma e outros devendo ser objeto do esforço "civilizador" encetado pelo poder real:

> *Polir na guerra o bárbaro gentio,*
> *Que as leis quase ignorou da natureza,*
> *Romper de altos penhascos a rudeza,*
> *Desentranhar o monte, abrir o rio.*[22]

Numa harmonização engenhosa, as Minas podem aparecer, ainda, como espaço geográfico acidentado mas capaz de inspirar o artista, que, com base nele — no poema que segue, trata-se do pico do Itacolomi —, recria "situações e *topoi* clássicos segundo os meios ao seu alcance":

> *Aonde levantado*
> *Gigante, a quem tocara,*
> *Por decreto fatal de Jove irado,*
> *A parte extrema e rara*
> *Desta inculta região, vive Itamonte,*
> *Parto da terra, transformado em monte.*[23]

Se o relevo escarpado e a referência constante da pedra na paisagem povoam a poesia de Cláudio, os rios mineiros também se fazem presentes, mesmo inferiorizados ante os congêneres europeus. Já se falou acima da feiura do ribeirão do Carmo; em suas bordas ressoa, "horrendo", o ruído do "tosco ferro": é incapaz de competir com o "cristalino Tejo", que corre manso, ou com as praias do Mondego. Assim como o poeta, o ribeirão não pode fugir à sina de ter nascido em colônias.[24] Ao rio das Velhas, por sua vez, caberia o triste papel de sepultar um amigo do advogado, o desembargador José Gomes de Araújo, provedor da Fazenda Real da capitania, morto em andanças no sertão. Ironias do sistema colonial: nascido em Lisboa, educado em Coimbra, não coube ao "claro Tejo" nem ao Mondego guardar seu corpo, mas a um rio "mais triste", "mais profundo", de areia turva e curso irrefreável.[25]

No poema *Vila Rica*, que a crítica frequentemente considerou mau e confuso,[26] é um outro poeta que se mostra, levado talvez a recorrer ao tom encomiástico em virtude do caráter épico do poema. Celebrando a vitória "da ordem racional do europeu sobre as tendências caóticas da franja pioneira de mineradores", descreve as atividades econômicas da capitania, e produz alguns dos melhores versos da obra.[27] Na paisagem domesticada de sua "pátria", figura, como em outras capitanias, o cultivo da "cana loira", que se transforma sucessivamente em licor, mel coalhado e, por fim, "brancos torrões". Mas é a lide mineradora que de fato sensibiliza o poeta, ocupando três estrofes e sendo descrita como trabalho diferente dos outros, levado a cabo pelo "sábio mineiro" capaz de separar o "loiro metal" do cascalho, "penetrar por mina o duro monte", buscar betas de ouro entre serras, fazer correr as águas em canais de pedra fria.[28]

A incorporação da natureza mineira ao universo afetivo do poeta oscila, dessa forma, entre o sentimento de fatalidade e o de orgulho: áspera, difícil, às vezes feia e triste, ela é, entretanto, querida e única, vestindo-se dos atributos de *pátria*. Na segunda metade do século XVIII, o habitante de Minas não podia mais deixar de amar o local em que nascera, nem furtar-se ao sonho de torná-lo melhor: *luso-brasileiro* ia deixando de ser adjetivo composto para, desmembrado em dois qualificativos simples, expressar duas bordas opostas do mundo atlântico.

Nos versos de Tomás Antônio Gonzaga, português de nascimento, a presença da terra mineira acusa antes o registro acurado do tecido social — para ele, objeto constante de reflexão — do que sensibilidade ante o meio físico — que em Cláudio, como em Alvarenga Peixoto, chega muitas vezes a se manifestar de forma emocionada. Nas Minas, o avarento conta barras de ouro, empresta dinheiro e se opõe ao jogador: minerar é também aventura, e a "sociedade aluvional" desvaloriza as atividades do espírito, impondo uma hierarquia de valores que Gonzaga repudia, pois elege os afetos — "as douradas cadeias" — como riqueza superior à do "buscado metal louro":

> *Beije pois torpe avarento*
> *As arcas de barras cheias;*
> *Eu não beijo os vis tesouros.*[29]

Complemento e cenário da vida social, essa natureza fora previamente transformada pela mão do homem. O poeta alude a montes e serras, a penhascos, "pedras quebradas", um rio que cai, tardes frias obscurecidas por nuvens que, negras, lançam chuveiros.[30] Contam mais, entretanto, os retratos do meio natural subordinado à intervenção humana, as paisagens simples e sem nada de mítico, épico ou trágico, como a descortinada a partir de um caminho:

> *Toma de Minas a estrada,*
> *Na igreja nova, que fica*
> *Ao direito lado, e segue*
> *Sempre firme a Vila Rica.*
>
> *Entra nesta grande terra,*
> *Passa uma formosa ponte,*
> *Passa a segunda, a terceira*
> *Tem um palácio defronte.*[31]

É esse o caso igualmente da faina diária com que o mineiro, o lavrador, o dono de engenho criam riquezas, secundados pelos "cativos": a extração do cascalho aurífero, transformado em granetes dourados que brilham no fundo da bateia; a derrubada dos matos virgens e a queimada das capoeiras novas, que cedem lugar ao plantio; o enfardamento das "secas folhas do cheiroso fumo" e, ainda, a transformação, por meio de "dentadas rodas", da cana--de-açúcar em caldo.[32]

Uma vez encarcerado, seguindo um movimento sincero ou movido pelo cálculo, Gonzaga deixa de valorizar as serranias mineiras que lhe haviam servido de morada durante sete anos e volta os olhos para Portugal, onde sonha residir com Marília. Esta, tendo nascido em Minas, tornara "ditosas as campinas do turvo ribeirão". Chegara porém a hora de deixá-las para trás, rompendo "os grossos mares" e travando conhecimento com uma paisagem marinha totalmente alheia ao horizonte confinado da capitania interior: a estrada comprida do oceano, os peixes grandes, os pequenos, as toninhas, os turbilhões de ondas, as nuvens de cores mutáveis que formavam "mil diversas figuras" até onde a vista alcançava. O afeto maior de Gonzaga não era, pois, a paisagem mineira — nem havia por que sê-lo —, mas a moça que conhecera na vila perdida entre os montes tristonhos, mero cenário do seu amor. Ao Tejo, encantado com o belo semblante de Marília, o poeta diria, "vaidoso":

Não trago, não, comigo,
Nem pedras de valor, nem montes d'ouro;
Roubei as áureas minas, e consigo
Trazer para os teus cofres
Este maior tesouro.[33]

Como Tomás Antônio Gonzaga, Inácio José de Alvarenga Peixoto não era filho de Minas. Natural do Rio de Janeiro, estudara em Coimbra e fixara residência na capitania em 1776. Apesar disso, o sentimento regional presente em vários de seus versos e o apego aos homens e à natureza da terra adotiva apresentam intensidade que chega a surpreender. É verdade que acompanham a exaltação genérica da colônia, ao modo de duas grandes epopeias produzidas na época por autores que, originários das Minas, destacaram-se antes na "interpretação heroica e sugestiva dos antecedentes do povo brasileiro" do que na celebração da capitania aurífera: Basílio da Gama e frei Santa Rita Durão.[34] Assim, nada indica, no "Canto genetlíaco", que "os ternos laços" do "pátrio berço" digam respeito à região e não ao conjunto, ou seja, à América portuguesa.

Indiscutível em Alvarenga Peixoto é, contudo, a clara inteligência dos mecanismos da exploração colonial, que ele frequentemente considera pelo viés do reformismo ilustrado, podendo, em certos momentos, quase ultrapassá-lo. Quando o faz, é a especificidade das Minas, a sua riqueza mineral que leva à percepção da ruptura possível. Já se viu como, aparentemente feias, as serras mineiras ocultam tesouros responsáveis pela manutenção da Metrópole, ideia com a qual o poeta comunga: "Aquelas brutas e escalvadas serras/ Fazem as pazes, dão calor às guerras".

As belas obras da cultura europeia — "coríntios palácios", "dóricos templos", "jônicos altares" — foram possíveis graças aos "lenhos duros, filhos desses sertões feios e escuros".

A monarquia portuguesa e o poderio econômico do Reino são respeitados na Europa devido à colônia — mais especificamente às Minas, "bárbara terra, mas abençoada", que homens de raças diversas se empenham em fazer render:

Eles mudam aos rios as correntes,
Rasgam as serras, tendo sempre armados
Da pesada alavanca e duro malho
Os fortes braços feitos ao trabalho.[35]

Menos talentoso que os outros dois poetas, Alvarenga Peixoto realiza, contudo, um feito importante: examina a natureza específica das Minas sob crivo político e, mesmo contido pela carapaça do reformismo, chega próximo à contestação do sistema colonial. A estranha "Ode à rainha d. Maria I", da qual se comenta sobretudo a importância na construção do indianismo, tem o objetivo de aplacar a sanha da Coroa ante os conjurados, e, na boca de um indígena, sugere um maior entrosamento entre as duas margens do império atlântico — a europeia e a americana. Mas a forma pela qual esse entrosamento se viabiliza é bastante curiosa: a rainha deveria vir ao Brasil "por dous meses" e, aqui, ser coroada "sobre a América toda". Uma vez realizada, na pessoa de d. Maria I, tal "interiorização da metrópole", as riquezas coloniais, notadamente as minerais — "a prata, o ouro, a fina pedraria" —, estariam prestes a justificar a inversão do sistema colonial. A quem, afinal, cabia com mais justeza o mando: ao produtor das riquezas ou ao dilapidador delas?[36] Num poema inacabado, Alvarenga iria mais longe, sugerindo a urgência de se inverter e, no limite, negar tal relação, mesmo se, no final, acaba por mudar o sentido da reflexão, recorrendo uma vez mais à ótica do reformismo ilustrado:

Que fez a Natureza
Em pôr neste país o seu tesouro,
Das pedras na riqueza,
Nas grossas minas abundantes de ouro,
Se o povo miserável?... Mas que digo:
Povo feliz, pois tem o vosso abrigo![37]

Nas falas atribuídas aos inconfidentes de 1789, a referência à natureza pródiga das Minas aparece quase sempre por contraste e oposição às queixas acerca da pobreza dos habitantes, o que justificaria a necessidade do levante e, afinal, da independência. Boa parte dessas considerações é atribuída a Tiradentes, a alusão à "riqueza, e preciosidade do País de Minas" sendo a forma com que o Alferes "principiava a sondar os ânimos para falar depois no levante".[38] Vários depoentes dizem tê-lo ouvido recorrentemente "exagerar a beleza, fertilidade, e riqueza do país de Minas Gerais, e que por estes motivos podia bem ficar independente, assim como fez a América inglesa".[39] Nessas falas, a natureza se apresenta completa: "o país não só era fértil de ouro, e pedras preciosas, mas também de todo o necessário, que quisesse a indústria";[40] "era o melhor do mundo, porque tinha em si o ouro, e diamantes";[41] "produzia muitos efeitos utilíssimos".[42]

Mas Tiradentes não era o único a destacar as qualidades naturais de Minas. José Álvares Maciel dizia que "os nacionais desta América não sabiam os tesouros que tinham".[43] O coronel Antônio de Oliveira Lopes "entrara a dizer" a Domingos Vidal Barbosa "que este país era muito feliz por ter todas as comodidades para a vida, e quanto não seria delicioso, se fosse livre". "Depois disto, passados alguns dias, lhe tornou o dito coronel a fazer alguns discursos soltos sobre a vantagem deste país, defendido pela natureza."[44]

No último quartel do século XVIII, pois, a ideia da prodigalidade da natureza da capitania de Minas Gerais era endossada por indivíduos pertencentes a setores variados da sociedade local, e embasava anseios que, no limite, poderiam justificar a autonomia da região, os qualificativos que a destacavam sendo, não raro, vegetais. Por causa dela, o "País de Minas Gerais" "bem podia ser uma república livre, e florente", com mais vantagens do que a América inglesa "pelas maiores comodidades, que tem";[45] era ainda visto como "um florente império",[46] um "império formosíssimo".[47] Essa percepção foi em boa parte propiciada pela consciência de existir um desnível profundo entre as potencialidades naturais e as condições de vida dos habitantes de Minas. Da exaltação da natureza deslizava-se, assim, para a constatação das injustiças inerentes ao estatuto colonial, alimentando-se o desejo de superar a uma só vez as injustiças e a dependência ante Portugal: o "país das Minas era fertilíssimo, e riquíssimo de tudo; a não ir toda a sua riqueza para fora, seria a terra da maior utilidade".[48] Generalizava-se a insatisfação porque "tudo quanto produzia lhe levavam para fora, sem nele ficar cousa alguma de tanto ouro, que nele se extrai".[49] Os governadores só cuidavam em enriquecer, e "o país ficava sempre infeliz, sendo o mais delicioso, e opulento".[50] Da ideia de utilidade, bem ao gosto do figurino ilustrado, alguns saltavam para formulações utópicas, enraizadas — mesmo se por força da expressão — num passado arcaico, o que relativiza consideravelmente as análises propensas a destacar o caráter essencialmente progressista e até revolucionário do movimento.[51] Basílio de Brito Malheiro, um dos delatores da Inconfidência, conta que Tiradentes criticava os funcionários da Coroa porque, uma vez ricos, "se iam embora ficando sempre esta terra miserável pois tudo saía dela, *que a não ser assim se podia calçar as ruas de ouro*".[52] O Alferes via com clareza: "Os filhos de Portugal que eram os senhores do ouro que se tira nesta terra, […] e nós havemos de estar aturando isto?".[53] Afinal, dizia, "estas Minas eram o tesouro da Europa".[54]

As frases soltas que chegaram até nós por meio da perseguição urdida contra os inconfidentes não permitem afirmar muita coisa quanto à clareza e consistência de seus propósitos políticos. Na medida em que Tiradentes se tornou o herói da República brasileira, estamos todos imersos no terreno do mito — os *nossos* mitos, mas talvez não os *deles* —, e tropeçamos com frequência ante uma compreensão desapaixonada. Aqui, mais do que aventar a filiação a certas ideias, como a de república ou de autonomia — e, no limite, de independência —, importa reconhecer e também indagar por que, ao levantarem queixas contra a opressão metropolitana, esses homens recorriam a imagens de uma natureza quase paradisíaca. No reino da utopia, a natureza das Minas Gerais voltava a ganhar atributos edênicos.

Entre 1789 e 1792, como se sabe, os homens acusados de inconfidência foram presos e expulsos da capitania. Morto e esquartejado, o Alferes teve os pedaços do corpo expostos pelo caminho que ligava a capital do Brasil às Minas, compondo uma paisagem trágica e ameaçadora. Esperando que a natureza da capitania pudesse trazer riqueza para seus habitantes — "os filhos das Minas sempre pobres e sem nada de seu" —, Tiradentes não era um sonhador isolado. Nos diversos setores da vida cotidiana, a sensibilidade ante o meio natural ajudava a construir uma certa consciência da especificidade que, no limite, era política.

Em 1792, a Câmara Municipal da Vila do Príncipe mostrava-se desconcertada com as proibições de caça a aves vigentes nas Ordenações do Reino, já que a lei não declarava "quais elas sejam nestas Minas, onde é certo que devem ser muito diversas do que naquela Ordenação [...] assim como são diversas nas mesmas províncias do Reino".[55] Num império feito de partes distintas e variadas, de que valia regular com base na uniformidade? Teriam as leis do Reino serventia no ultramar? Ao que corresponderia nas Minas, por exemplo, um moudafizo português? Em última instância, não era próprio da variedade do mundo natural reiterar a perfeição do engenho divino?

Em 1799, José Vieira Couto descrevia, com sua linguagem colorida e amorosa, a capitania natal:

Está situada toda esta capitania, ou ao menos três partes dela, sobre o largo costado de uma imensa serra, que levantando-se primeiramente em São Paulo, corre ao depois do Sul ao Norte, lançando seus grandes esgalhos a uma e outra parte, ora abaixando-se, ora elevando-se mais; e desta maneira vai varando todo o Brasil, e talvez deverá passar muito mais avante. As três comarcas do Rio das Mortes, de Vila Rica e de Sabará ocupam a parte mais fértil desta serra. As suas montanheiras menos íngremes, cobertas de matas e de amenos campos, oferecem aos cultivadores uma fértil superfície, ao mesmo tempo que seus interiores, passados e repassados de ricas veias de metais, convidam aos mineiros para as desentranharem. Desta maneira o número dos seus habitadores sempre se poderá equilibrar, e igualmente repartir-se entre mineiros e agricultores.[56]

Mas de nada adiantava a natureza pródiga — há exageros evidentes nas considerações sobre a extensão da "imensa serra" — sem governo justo:

O povo é a fonte e o princípio das riquezas do Estado; um povo bem dirigido, um povo laborioso, comerciante e inteligente, é rico; o erário da nação será também rico; e o contrário é um ente que não existe na natureza, um erário rico de uma nação pobre.[57]

Quando Vieira Couto escreveu esta passagem, já havia dez anos que a Inconfidência fora desbaratada, e muitos dos inculpados achavam-se mortos. Partilhadas e cotidianas, persistiam nas Minas, alternando-se, as diversas formas de percepção do meio natural: ora edênica, ora trágica, ora prática. Se elas chegaram até nós por intermédio de escritos vários, produzidos por reinóis tanto como por naturais da terra, foram também, ao longo do tempo, criando um lastro comum, compartilhado por muitos. Mesmo se contraditórias, essas percepções parecem ter sido fundamentais para ligar mais profundamente o homem à terra, nela plantando os seus afetos. Ao que tudo indica, foi a dimensão afetiva que, no limite, levou ao sentimento da especificidade. Antes de ser brasileiros, os habitantes das Minas se sentiram filhos da América, de uma região interior que definia fronteiras geográficas, políticas e sociais. Ao fazê-lo, em vez de se destacar, integravam-se ao todo, antes que se configurasse uma ideia de Brasil.

Por isso, não parece impertinência voar no tempo, saltar dois séculos e terminar com o maior dos poetas dessa região, aquele que mais a integrou à profundeza dos seus afetos, e que é, para quase todos, o maior dos poetas que o Brasil produziu:

Minas não é palavra montanhosa.
É palavra abissal. Minas é dentro
e fundo.

As montanhas escondem o que é Minas.
No alto mais celeste, subterrânea,
é galeria vertical varando o ferro
para chegar ninguém sabe onde.

Ninguém sabe Minas. A pedra
o buriti
a carranca
o nevoeiro
o raio
selam a verdade primeira, sepultada
em eras geológicas de sonho.

Só mineiros sabem. E não dizem
nem a si mesmos o irrevelável segredo
chamado Minas.[58]

Epílogo

Mito, História, Paraíso perdido

O passado dói fisicamente quando nos aproximamos dele com os olhos ainda cheios de presente.

Carlos Drummond de Andrade, "Viagem de Sabará"

MITO

Uma das primeiras referências ao Jardim das Hespérides aparece na *Teogonia* de Hesíodo. Há contudo outras, também relevantes, de autoria de Diodoro de Sicília, ou Diodoro Sículo, autor curioso e nem sempre bem estudado apesar de muito importante. Nos séculos XVI e XVII, foi reverenciado por expoentes como Bartolomeu de las Casas e Bossuet, que no seu tempo se debruçaram com particular interesse sobre a história e a natureza dos impérios.[1]

Contemporâneo de César, tributário de Heródoto e de Tucídides, Diodoro Sículo tinha ante o mito uma posição equilibrada e quase desencantada. Sem acreditar nele, achava que era importante para elucidar a História, que, seguindo Platão e Políbio, via como universal. Num belo prefácio aos dois primeiros livros da *Biblioteca histórica* do Sículo, Pierre Vidal-Naquet considera que o autor era um grego que se esforçava por dar conta simultaneamente de um passado longínquo — tecido por narrativas em que ele não mais acreditava, nas quais intervinham deuses que não eram os seus e que não seriam senão homens — e de uma diversidade cultural ainda muito evidente, apesar dos esforços da cultura pública helenística em homogeneizar o mundo mediterrânico. E Vidal-Naquet define: "Diodoro era um grego da Grécia colonial", o seu mundo sendo aquele das grandes transmigrações (*transferts*) de população, no qual por toda parte se tornara corriqueiro que novos habitantes se instalassem, sobrepondo-se aos usos antigos.[2]

Situado em região sempre distante e inacessível, mas que ora se identifica à Líbia, ora ao norte da Europa, entre os hiperbóreos, contudo mais verossimilmente localizado nos confins do Mediterrâneo ou na costa atlântica do noroeste africano, o Jardim das Hespérides abrigava as jovens conhecidas por esse nome, cujo número também oscila entre três e sete. Seriam filhas de Atlas (ou de Zeus) e de Hespéris, sua sobrinha (ou de Têmis...): a incerteza e a variação pontuam toda mitologia, como se sabe, tecida com base em relatos orais, numa multiplicidade de passagens literárias e de fontes visuais. Se tidas como filhas de Atlas, pode-se entender por que certas versões as denominam Atlântidas, por causa do pai; se nascidas do ventre de Hespéris, fica evidente a razão de chamarem-nas Hespérides, por causa da mãe. Bonitas e donas de vozes maviosas, viram-se, segundo relatos que remontam à *Teogonia* de Hesíodo e ao *Hércules furioso* de Eurípedes, incumbidas de zelar por macieiras que produziam pomos de ouro, havendo contudo quem as considerasse ameaças virtuais aos frutos, que volta e meia queriam mordiscar. Seja para proteger os frutos ante a gula das belas Hespérides, seja para proteger o jardim todo das ameaças externas, os deuses escalaram um monstro feroz para guardar o horto: serpente conforme certos relatos, dragão segundo outros, a fera é ora nomeada como Ofis, ora como Ladon, havendo algumas referências à Hidra de Lerna.[3]

Assim, praticamente inexpugnável e vigiado por fera tremenda, o Jardim das Hespérides com suas maçãs de ouro contou entre os doze trabalhos de Hércules, que deveria entrar nele e colher os pomos. O herói acabou conseguindo, com ou sem a ajuda de Atlas, pai das moças, as versões sempre variáveis oferecendo as duas possibilidades. E a fera, dragão ou serpente, foi morta por Hércules e copiosamente chorada pelas Hespérides.

Um sem-número de autores antigos registraram o mito ou fragmentos dele, como Eurípedes, Sófocles, Sêneca e Lucânio, detendo-se ora na trajetória da fera, como Sófocles nas *Traquínias*, ora nas peripécias das Hespérides, que teriam sido raptadas por piratas a mando de Busíris, rei do Egito, e resgatadas por Hércules nas areias africanas, conforme Apolônio de Rodes nas *Argonáuticas*. Muito do que constituiu a mitologia das Hespérides consta de representações visuais: vasos, ânforas, uma estátua desaparecida de Zeus por Fídias, cuja descrição chegou a nós por meio de Pausânias. São delas as cenas em que pomos, fera e Hespérides aparecem reunidos no jardim, ou aquela, mais peculiar, em que a serpente, representada com duas cabeças e enrodilhada na árvore maravilhosa, volta-se ameaçadora contra Hércules.[4] Segundo o *Hércules furioso* de Eurípedes e as *Traquínias* de Sófocles, o herói mata a serpente para obter os frutos, o que fazia parte do 12º trabalho devido a Euristeu. Mas Diodoro Sículo oferece versão alternativa e racionalizada do tesouro guardado pelas Hespérides: seriam carneiros, e não maçãs de ouro.

Diodoro pertencia ao mundo do helenismo agonizante e nascera na Sicília, grega na língua e na cultura, mas tornada a primeira província do Império Romano desde a vitória obtida contra Cartago. Diodoro era "um grego que falava de Roma",[5] e para ele o tempo dos mitos era aquele anterior à Guerra de Troia. Na sua monumental *Biblioteca histórica*, o episódio sobre o Jardim das Hespérides encontra-se no Livro Quarto, voltado especialmente para as narrativas finais acerca dos mitos e para os primórdios das narrativas propriamente históricas, que vicejaram no período romano.[6] No prefácio sugestivo que escreveu para esse livro, o historiador suíço Philippe Borgeaud sugere que Diodoro de Sicília era afeito a uma perspectiva mais "racionalista", tendo dedicado os seis primeiros livros de sua obra à mitologia, mas destinado os subsequentes vinte, que se perderam, à hegemonia romana, e portanto ao tempo histórico.[7]

O tratamento que deu ao Jardim das Hespérides nos tópicos xxvi e xxvii do Livro Quarto, oferecendo uma alternativà mais desencantada à natureza do tesouro ali guardado pelo dragão ou serpente, é um exemplo dessa perspectiva que busca maior objetividade: "É porque os poetas chamam os carneiros de *mêla* (μελα) que se começou a lhes dar o nome de pomos de ouro", diz Diodoro.[8] Os frutos do jardim seriam, portanto, lindos carneiros de pelagem dourada, "ou talvez tão belos que, em razão da beleza, eram poeticamente chamados de 'pomos de ouro', assim como Afrodite foi denominada 'a dourada' graças a sua bela aparência".[9]

Philippe Borgeaud atribui a Sículo uma visão dinâmica da mitologia grega: para ele, havia comunicação com as demais, suas vizinhas, "que não seriam suas primogênitas sem, contudo, serem suas caçulas: ao contrário, ela [a mitologia grega] não adquire sentido senão em perspectiva comparatista".[10] Vivendo no início da época cristã, esse compilador de mitos intuía algo que os estudiosos contemporâneos consagraram, como expresso, por exemplo, na pena de Jean-Pierre Vernant: para este, a compreensão das lendas helênicas depende do seu confronto e comparação com narrativas tradicionais de outros povos, por mais diversos que sejam, e de outras épocas, por mais amplo que seja o arco cronológico, extensível da antiga China à América pré-colombiana e à

África. Não cabe contudo esquecer que o mito se apresenta sob a forma de uma narrativa vinda da aurora dos tempos, quando nem sequer existiam os narradores capazes de transmiti-los.

Nesse sentido, a narrativa mítica não é tributária da invenção individual nem da fantasia criadora, mas da transmissão e da memória. Esse elo íntimo, funcional com a memorização, aproxima o mito da poesia, que por sua vez, na origem, em suas manifestações mais antigas, pode se confundir com o processo de elaboração mítica. O caso da epopeia homérica é, nesse sentido, exemplar.[11]

Na época dos descobrimentos, o mito das Hespérides ganhou nova roupagem e foi associado às ilhas do Atlântico. Para tanto, recorreu-se a narrativas que localizavam o jardim ora nos confins do mundo mediterrânico, ora na costa atlântica da África, "na curva ocidental do mundo, na Hespéria, reino de Atlas", conforme as *Metamorfoses* de Ovídio, autor dos mais lidos e influentes no Renascimento.[12] Era lá, transformado em montanha por negar hospitalidade a Perseu, que esse gigante sustentava a abóbada celeste.[13] Fora em suas imediações que Faetonte desabara com o carro de Hélio, seu pai, fazendo com que o fogo tomasse conta da Terra, originasse os vulcões do sul da Itália e da Sicília, bem como o deserto que se estende ao norte da África.[14] O país das Hespérides era a fronteira entre o "mundo civilizado" e as "terras de selvagens", onde apenas heróis como Perseu e Hércules teriam se aventurado.[15] Mesmo que ilustrem, na mitologia, um ciclo menos representativo das estruturas comunitárias da sociedade e mais referido às proezas individuais, é indiscutível o seu papel de "intermediários indispensáveis entre o mundo das origens, ainda incoerente e flutuante, e a sociedade dos homens, organizada e civilizada".[16]

No *Theatrum Orbis Terrarum* (1570), considerado o primeiro atlas moderno, o cartógrafo flamengo Abraão Ortelius identificou o país das Hespérides a Cabo Verde, procurando, como tantos autores e narrativas da época, buscar na tradição clássica indícios de que os antigos haviam conhecido ou ouvido falar das terras até então conservadas fora do conhecimento e controle europeus. Essa identificação não foi unânime, havendo quem localizasse as Hespérides nas regiões setentrionais, onde por vezes se confundiam com as terras dos hiperbóreos. A importância e o prestígio do atlas de Ortelius mostram que, no final do século XVI, a partida estava ganha para o Atlântico.[17]

Africae Tabula Nova, *1571, de Abraão Ortelius.*

Detalhe de Africae Tabula Nova, *1571, de Abraão Ortelius.*

O ato de nomear é carregado de sentidos diversos, que ultrapassam o desígnio de circunscrever no espaço e permitir a localização. Cabo Verde logo se tornou uma espécie de trampolim da expansão marítima portuguesa rumo à colonização do Novo Mundo, entreposto no comércio de africanos escravizados a fim de servirem de mão de obra nas minas de prata e nas plantações de açúcar, escala na travessia do Atlântico Sul, oceano cortado por correntes violentas e desconhecidas, varrido por ciclones que, junto com as vagas, empurravam as embarcações de volta para o Norte. Associar a crenças antiquíssimas o arquipélago recentemente incorporado às rotas europeias e cogitar que gregos e romanos haviam estado ali, discorrendo sobre suas características, eram formas de legitimar a ação do tempo presente por meio do vínculo que a ligava a um passado glorioso. Além disso, a memória do passado, mesmo que hipotética, tranquilizava os medos suscitados pelos perigos concretos que se tinha pela frente.

O mundo mítico e maravilhoso marcou a era da expansão europeia, que Serge Gruzinski, a exemplo de Luís de Camões, preferiu chamar de *dilatação* europeia.[18] Época caracterizada por sentimentos extremos, dilacerada por contradições, donde talvez o recurso contínuo a mitos e quimeras. Não é de estranhar que a miragem do Paraíso Terrestre, que se esperava descortinar conforme se devassavam regiões desconhecidas, fosse companheira de quem se aventurasse a percorrer terras cada vez mais distantes e ignotas.[19] O mito das Hespérides em seu jardim aproximou-se, de certa forma, ao do Paraíso perdido em algum lugar do planeta, e que a imaginação dos aventureiros e dos colonizadores procurou conservar no horizonte das possibilidades, fosse como estímulo ao devassamento de territórios, fosse como conforto ante o desalento dos projetos irrealizados.

Quase cem anos após Ortelius, outro cartógrafo célebre, o holandês Johannes Janssonius, sugeria que as ilhas de Cabo Verde haviam um dia se chamado Hespérides.[20] Sérgio Buarque de Holanda lembrou que o mito surgira entre povos navegadores, como gregos e fenícios, sendo reeditado, não por acaso, no âmbito da expansão marítima moderna. Examinou elementos do mito que remetem a outras tradições, como a céltica, mas notadamente a bíblica, mostrando que paganismo e cristianismo encontram-se ali entrelaçados. O jardim inexpugnável, a amenidade do clima e da natureza, a árvore com os pomos proibidos e a serpente ou o dragão enrolados na árvore remetem ao Paraíso Terreal posto a perder pelo pecado. Movendo-se nos espaços — "ora para o norte, ora mais para oeste, à medida que vão progredindo os conhecimentos geográficos" —, acaba por desaparecer nos fins do século XVI, "embora não se dissipe da imaginação popular antes do século XVIII", "o esquema fixo das paisagens edênicas" alcançando "um poder de fascinação que saberá resistir ao tempo e impor--se a todos os espíritos", qual "compêndio de concepções bíblicas e idealizações pagãs" que, na qualidade de miragem, "devesse ganhar corpo num hemisfério ainda inexplorado, que os descobridores costumavam tingir da cor do sonho".[21]

Num livro sugestivo sobre os sertões do leste mineiro, Hal Langfur considerou que a região, "enquanto campo de conquista e de colonização, teve de ser conceituada e construída tanto do

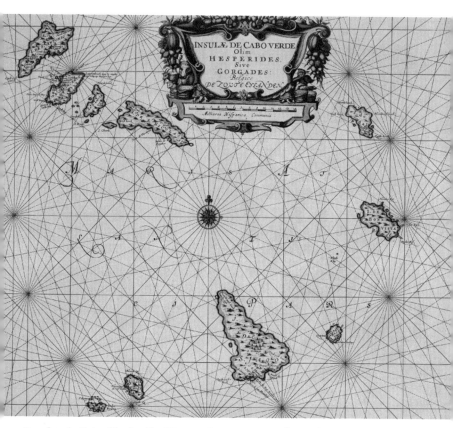

Insulae de Cabo Verde olim Hesperides, sive Gorgades: Belgice de Zoute Eylanden, *1650, de Johannes Janssonius.*

ponto de vista geográfico quanto discursivo", à medida que a fronteira a incorporava ao espaço controlado pelo Estado português.[22] O que o autor não considerou, mas que cabe ponderar, é que a dimensão mítica desempenhou papel igualmente importante nesse processo, reeditando e aclimatando crenças antigas e acenando com a possibilidade de sujeitá-las ao empenho e desígnio dos que levavam adiante a ocupação das terras ainda indevassadas.

Muitos dos estudos dedicados — mesmo se pontualmente — ao avanço da fronteira e à ocupação paulatina dos espaços anteriormente situados fora do âmbito do processo colonizador tiveram, por caminhos variados, de se ver com a utilização de mitos e de *topoi*, não apenas os positivos, mas também, com maior frequência, os negativos: ao se buscar o Paraíso Terreal, deparava-se com animais peçonhentos, monstros, seres humanos a tal ponto "ferozes" e "bárbaros" que mais se assemelhavam a feras.[23]

No imaginário — religioso, mítico ou social —, nunca há Deus sem diabo. A história do Brasil ensina que volta e meia perseguem-se miragens e quimeras, valendo-se para tanto de *edenizações tardias*, o *nec plus ultra* do horto idealizado à partida: o açúcar, o tabaco, a terra fértil enquanto fértil se conservar, o ouro que se extrai "até esgotar-se, do cascalho, sem retribuição de benefícios", na lúgubre procissão de milagres que se desenrola desde os tempos coloniais e que parece não terminar nunca.[24]

HISTÓRIA

Como ficou dito na Introdução, invoquei o Jardim das Hespérides no título deste trabalho porque me pareceu eloquente quanto aos dilemas postos pela difícil relação entre homem e natureza, tanto no passado como no presente. Diogo de Vasconcelos, que utilizou a imagem, foi um historiador arguto e sensível, e suas vetustas *Histórias de Minas* resistem até hoje como repositório precioso de ideias e referências. Foi porém um "historiador de domingo", conforme consta da "Advertência" à sua *História antiga de Minas Gerais*, publicada em 1904, em que revela insatisfação ante a forma meio fragmentária do trabalho — "a história não se pode discernir aos pedaços" —, e explica:

> Acresce que, precisando eu de cuidar constantemente das necessidades da vida, só pude empregar as horas vagas e os dias de feriado, alternativas que o leitor facilmente observará na desigualdade das páginas escritas; e assim desculpará os muitos defeitos, que infelizmente encerram.[25]

Católico, monarquista, conservador e político de destaque na segunda metade do século XIX, Diogo de Vasconcelos era advogado de formação, tendo cursado a Faculdade de Direito do Largo de São Francisco. Pertencia a um dos clãs mineiros mais importantes e preeminentes desde os tempos coloniais, sendo bisneto de Diogo Pereira Ribeiro de Vasconcelos e sobrinho-neto de Bernardo Pereira de Vasconcelos, conhecido político do Império. Ao morrer, foi saudado por Francisco Campos como "o Heródoto mineiro", e o aposto não parece gratuito: a cultura bacharelesca deve tê-lo embalado desde a infância, numa família em que se sucediam os formados em direito. E vinha com seu cortejo de autores clássicos, de referências a heroísmos e feitos militares da Antiguidade, como registrado no discurso de 15 de agosto de 1907 realizado no Instituto Histórico e Geográfico de Minas Gerais — retórico, bem pensante e análogo a tantos outros proferidos Brasil afora pela elite conservadora daqueles tempos.[26]

Rotineiro, empolado e maçante, o discurso surpreende por ter saído da mesma pena do autor de *História antiga de Minas Gerais* e de *História média de Minas Gerais*. Nelas, a linguagem extremamente convencional acaba sendo eclipsada pela imaginação histórica, pela capacidade narrativa e pela noção do conjunto, o que faz delas ainda hoje uma espécie de roteiro temático para quem estuda a história colonial da região. Diogo de Vasconcelos dá poucas, se algumas, referências acerca dos documentos consultados, mas não resta dúvida de que os consultou. Era um defensor da história metódica, do uso exaustivo das fontes, e atuou ativamente na criação do Instituto Histórico e Geográfico de Minas Gerais, bem como na fundação do Arquivo Público Mineiro. Ainda nisso é um membro típico das gerações que, no século XIX, esforçavam-se por conferir a um Brasil recém-emancipado da dependência colonial os alicerces necessários à edificação do que, para elas, constituía um "país civilizado" conforme o figurino da história ocidental. A bela passagem em que invoca as Hespérides é sugestiva da preocupação que tinha em distinguir mito e história, de acordo com o pensamento dominante desde pelo menos Diodoro de Sicília. Apesar das ponderações acerca dos limites oferecidos por uma história fragmentária, esperava que outros pudessem aproveitar seus fragmentos para elucubrar: "O que apresento aqui não está bem nas condições como o desejei; e apenas poderá despertar algum gosto pelas coisas antigas, a quem as quiser coligir com elementos melhores de sucesso".[27]

Em 1917, estimulado pelo sucesso obtido com a *História antiga de Minas Gerais*, esse "historiador de domingo" terminou um segundo livro, a *História média de Minas Gerais*, mais bem-composto, mais bem organizado, no qual a narrativa e a reflexão alcançam qualidade digna dos bons historiadores profissionais de seu tempo. O recorte é o da história local, o contexto é o do federalismo que marcava a República Velha, a obra sendo dedicada a Delfim Moreira, o presidente mineiro de uma república que ficou designada como "do café com leite". Não raro, federalismo e bairrismo provinciano andavam juntos, e Diogo de Vasconcelos não fugia à regra, com os exageros então de praxe que o levam a comparar fatos da história regional àqueles consagrados pela história universal. Assim, a origem privilegiada das Minas permitia a comparação com as colônias gregas, "enxames completos" para os quais se transportara, inteiro, "o teor da metrópole", "a mais heroica e laboriosa de todas as mães-pátrias", permitindo que ali se conservasse a língua "da mais bela epopeia moderna". Os feitos dos homens que viviam no local também eram comparáveis aos mais extraordinários havidos em outras partes: ao descer de Minas para socorrer o Rio de Janeiro invadido por Duguay-Trouin — "o maior homem do mar daquela época" —, o governador Antônio de Albuquerque Coelho de Carvalho obscurecia, com a façanha, "os cantos mais belos da Jerusalém Libertada". Por ocasião da Inconfidência — evento maior da história de Minas, para o qual, subliminarmente, o autor faz convergir as duas *Histórias* que escreveu —, as "montanhas sagradas de Vila Rica" se equipararam em sofrimento com as da Palestina, onde, conforme o relato bíblico, a filha de Jefé foi sacrificada pelo pai.[28] Na mensagem destinada aos leitores, escreve, sem qualquer modéstia, que até então o período colonial se encontrara "sepultado no maior e mais crasso esquecimento, sendo referido apenas em pontos salteados e odiosos, segundo as paixões", esperando, "para ser definitivamente julgado, o processo regular e metódico da crítica".[29] Após ocupar-se, no primeiro livro, do período aberto com "os descobrimentos" e encerrado em 1720, quando da capitania de São Paulo e Minas do Ouro desmembrou-se esta região para com ela formar a nova capitania de Minas Gerais, o autor se dedicava à história da capitania autônoma mas não ia além de 1785, "porque daí em diante vem raiando o episódio da Inconfidência, e esta, como fato culminante, exige maior tratamento".[30]

No extremo oposto, contudo, antes que chegassem os portugueses do Reino ou os já estabelecidos na América, estava o mito. Entre ele e os primórdios da história estendia-se uma zona indefinida que Diogo de Vasconcelos denominou de "primeira época", "profunda noite" dos sertões "que se tinha por eterna" e era entrecortada apenas por "focos espalhados como que a propósito, [a] fim de deixar entreluzir os albores da madrugada que precedeu o grande dia verdadeiro e histórico das Minas Gerais".[31] Tempo das andanças de paulistas, como Fernão Dias Pais e Matias Cardoso de Almeida, ocupados em guerrear indígenas até o extermínio da maioria, "e o resto, que foi de milhares, como rebanho, partilhando entre os vencedores". Com tal presa de guerra "fundaram ricas fazendas de criar" no sertão do rio São Francisco "e nunca mais voltaram à pátria": os tais albores introduzidos com a chegada dos "homens civilizados", "apaixonados pela vida aventureira", que "em troca das violências compensaram a história descortinando o continente".[32]

Cada vez mais percorrido pelos adventícios, o sertão ao norte da Mantiqueira, onde vivia a nação cataguá, acabou sendo conhecido pelo nome de seus habitantes, estendendo-se "sem limites apontados sobre o interior do continente". As primeiras denominações foram vagas, prescindindo de limites e contornos, mas "removidos os cataguás, penetraram as expedições, reconheceu-se o país dividido em três zonas distintas, segundo a cobertura vegetal".[33] Uma vez exterminadas as populações autóctones, apropriavam-se os territórios que até então haviam sido seus, bem como os nomes e as denominações que os designavam: a zona "coberta de campos e matos alternados", que corria da Mantiqueira até a Borda do Campo, passava a ser a do sertão do Cataguá; contígua ficava a região das Congonhas, a mais bela de todas; por fim, chegava-se ao sertão do Caeté, onde os mais importantes arraiais auríferos foram estabelecidos — entre eles, o do Ouro Preto, que em breve se tornaria o principal centro urbano das Minas.

Foi nesse momento da narrativa, ao tratar da incorporação paulatina e abrangente do mundo indígena pelos adventícios, que Diogo de Vasconcelos mencionou o Jardim das Hespérides. Uma vez mortos ou afugentados os primeiros habitantes, podia até ocorrer que se emprestassem de sua língua as palavras da toponímia, mas a memória do tempo em que haviam sido os senhores da terra era banida em benefício de mitos próprios à tradição "civilizadora" dos ocidentais. Começava, assim, a história antiga das Minas Gerais.

PARAÍSO PERDIDO

Quando a região das Minas Gerais foi devassada, a ocupação do litoral já era velha de quase dois séculos, com cidades litorâneas abertas ao comércio oceânico e de onde partiam expedições de reconhecimento para o sertão. Para fora e para dentro, os núcleos de colonização viam-se às voltas com ameaças a seu domínio. Ante o assédio de estrangeiros, iam bem ou mal conseguindo manter o domínio lusitano por pontos esparsos da costa. Ante as populações autóctones que enfrentavam o avanço das forças colonizadoras, impunham a violência física e microbiológica, semeando morte, plantando roças, escalavrando montes e procurando metal precioso no leito dos rios.

O devassamento das Minas deslocou o eixo geográfico de um povoamento até então muito dependente da colonização litorânea. Levas de colonos vindos do sul (do planalto piratiningano), do leste-nordeste (da Bahia), do além-mar (Minho, Trás-os-Montes, Alentejo) voltavam as costas para o Atlântico e se embrenhavam pelo interior do Brasil, escalando terrenos antiquíssimos onde, no decorrer de milênios, o vento, o sol forte, em alternância com as chuvas abundantes, haviam feito com que riquezas enormes se acumulassem à flor da terra, Jardim das Hespérides sobre o qual, por fim, se abateria a mão do homem.

A partir do último quartel do século XVII e durante todo o século XVIII, as Minas Gerais atraíram os sonhos, as expectativas e os esforços de parte considerável da atividade colonizadora na América portuguesa. Foram o espaço mítico da riqueza fácil e abundante, consubstanciada nos Eldorados. Foram o espaço tentador da aventura e do desconhecido, onde a coragem procurava contornar os obstáculos e superar o medo. Foram ainda o lugar em que a empresa humana transformaria com proveito a natureza bruta: no leito dos rios, nas encostas dos morros desnudados por queimadas havia sempre a expectativa de encontrar ouro, não importando se o preço era consumir florestas, extinguir espécies e sacrificar grupos indígenas: afinal, importava alargar as fronteiras do território. Foram, por fim, o cenário peculiar que nutriu a imaginação artística de poetas, cartógrafos, músicos, arquitetos, escultores, pintores, o seu legado permanecendo até hoje inscrito na história da antiga capitania.

Múltiplas percepções do espaço e da natureza se constituíram a partir da realidade concreta dessa região tardiamente incorporada ao mapa colonial. Como acontece amiúde aos fenômenos ditos de *mentalidade*,[34] elas não se sucederam cronologicamente, mas coexistiram e se interpenetraram, alternando-se, ora sobressaindo sua feição mítica, ora a trágica, ora a prática, ora aquela dominada pelos afetos.[35] Vivificada pelos tempos heroicos do devassamento, a percepção mítica persistia ainda na época da Inconfidência, quando a ação pragmática de homens como o mestre de campo Inácio Correia Pamplona, um dos delatores da conspiração, vasculhava metodicamente os sertões do Bambuí. Da mesma forma, a dimensão trágica da ocupação originária coloria o poema *Vila Rica*, no qual Cláudio Manuel da Costa instituía, por volta de 1774, a *tradição histórica* da capitania, ventilando sensibilidade afetiva com relação à terra de origem, os penhascos e duras penhas que abrigaram seu berço natal.

Os descobertos minerais lavraram o fim do isolamento do território e abriram seu acesso à colonização. A narrativa historiográfica estabeleceu o divisor de águas, e nesse processo coube a Diogo de Vasconcelos o papel de decano. Para trás ficaram um mundo até então visto como "selvagem", bem como seus habitantes, tidos por "brutos", que se desejava relegar ao esquecimento. Ressaltando os descobertos e a chegada dos "homens civilizados", Diogo de Vasconcelos atrelava a região à órbita da História: os seus primórdios, nos quais se entrelaçavam o Jardim das Hespérides e a queda de Adão e Eva — ou o paraíso perdido —, deveriam desde então ficar circunscritos ao espaço dos mitos.

As múltiplas imagens e narrativas em torno do Jardim das Hespérides deram origem a um conglomerado mitológico que ganhou corpo ao longo de mais de dois milênios, tecido por tradições variadas. No mundo antigo, esse conglomerado simbolizou a passagem de uma era em que predominavam os universos circunscritos para outra em que os horizontes se tornaram mais amplos e os medos mais subjugáveis. A flutuação de seus múltiplos elementos — do local (mar do Norte ou Atlântico? Líbia ou África Ocidental?) aos atributos (maçãs de ouro ou carneiros de pelagem dourada? Hidra, serpente ou dragão?), ou, ainda, à filiação das jovens (Zeus ou Atlas? Têmis ou Hespéris?) — atesta a universalidade do mito, tecido vagarosamente a partir de muitos fios, nem sempre em harmonia.

O mais das vezes, os mitos buscam as origens, invocam um tempo ideal, procuram dar conta do que ficou para trás, mas não arriscam projeções futuras. Diogo de Vasconcelos, historiador, valeu-se do mito das Hespérides para exaltar o triunfo da colonização portuguesa num espaço que até então se mantivera alheio a ela; fez com que o jardim fechado se abrisse à civilização e os seres monstruosos se dissolvessem ante o advento do tempo histórico.

Três séculos depois, o que restou do jardim devassado? Nos últimos anos, Minas Gerais foi teatro de tragédias socioambientais inconcebíveis no mundo civilizado, e que continuam sem averiguação nem punição consequente. A terra tornou-se estéril e incapaz de alimentar seus filhos, os rios mataram os peixes e ficaram impróprios ao regadio. É tentador perguntar se não teria sido melhor se o Jardim das Hespérides — que Diogo de Vasconcelos situara estrategicamente na zona do sertão do Caeté, onde os matos se mostravam intactos — tivesse permanecido fechado à invasão humana, zelado pelos deuses, entregue ao monstro sempre alerta e talvez mais capaz de preservá-lo na sua harmonia e integridade.

Contudo, nem sequer teríamos o conforto dessa hipótese, pois os deuses não fazem a História: seu espaço é o dos mitos, que ajudam os homens a pensar, mas não podem realizar por eles ações capazes de transformar o mundo.

Notas

INTRODUÇÃO — RUMO AO JARDIM [pp. 13-8]

1. Rodrigo Machado da Silva, "O Heródoto mineiro: Da tradição monárquica à historiografia republicana", *Temporalidades — Revista Discente do Programa de Pós-Graduação em História da UFMG*, v. 2, n. 1, jan.-jul. 2010. Disponível em:<https://www.academia.edu/3552356/O_Her%C3%B3doto_Mineiro_da_tradi%C3%A7%C3%A3o_mon%C3%A1rquica_%C3%A0_historiografia_republicana>. Acesso em: 17 ago. 2019.

2. Este trecho aparece de modo diferente a partir da segunda edição de *História antiga de Minas Gerais*, e agradeço a Caio Boschi por ter-me feito essa observação. Dizem as edições subsequentes: "Denominação geral que se desse ao território, nenhuma houve; eis que denominações gerais também faltaram [...]". Mesmo em dúvida, mantive a citação conforme a primeira edição (Belo Horizonte: Imprensa Oficial do Estado de Minas Gerais, 1904, p. 84), que foi a utilizada por mim, pois penso que, optando pelo verbo "dominar" — "dominações gerais também faltaram" —, Diogo de Vasconcelos talvez desejasse relacionar o caráter efêmero e circunstancial do controle indígena sobre certa região à ausência de denominações gerais. Conferir, entre outras edições, *História antiga de Minas Gerais* (pref. de Francisco Iglésias, intr. de Basílio de Magalhães. 4. ed. Belo Horizonte: Itatiaia, 1974, pp. 138-9, v. 1).

3. Ibid., p. 64.

4. Ibid., p. 85.

5. Ibid.

6. Segundo Catherine Salles em *La Mythologie grecque et romaine* (Paris: Fayard, 2013, p. 252), "na verdade, antes do século vi a.C., a ordem da sequência dos trabalhos não se havia ainda fixado, e o número doze não fora admitido uniformemente. Mais tarde, Apolodoro contaria apenas dez trabalhos, ao indicar que Euristeu se recusara a reconhecer como proezas verdadeiras a execução da Hidra de Lerna (Hércules teria recebido a ajuda de seu sobrinho Iolau para matar o monstro) e a limpeza das cavalariças de Áugias (Hércules pediria um salário para executar o trabalho)". À p. 253, em nota, a autora esclarece: "Para evocar os Doze Trabalhos, adotamos aqui a ordem estabelecida por Diodoro de Sicília (iv, 11-28). Apolodoro (*Biblioteca*, ii, 5) segue ordem ligeiramente diferente, pois os trabalhos 3 e 4, 5 e 6, 11 e 12 acham-se invertidos em sua obra".

1. A DIMENSÃO MÍTICA [pp. 19-41]

1. Aqui, cito os versos de Carlos Drummond de Andrade, "Canto mineral", em *As impurezas do branco* (3. ed. Rio de Janeiro: José Olympio, 1976), p. 109.

2. Ver, entre outros, Francisco Eduardo de Andrade, *A invenção das Minas Gerais: Empresas, descobrimentos e entradas nos sertões do ouro da América portuguesa* (Belo Horizonte: Autêntica; puc-Minas, 2008), cap. 2, "Empresas de descobrimento de Minas: O estilo heroico de Fernão Dias Pais", pp. 57-80, em que fica evidente o objetivo de negociar os resultados positivos da empresa em troca de honras, mercês e vantagens pecuniárias.

3. Sérgio Buarque de Holanda, *Visão do Paraíso: Os motivos edênicos no descobrimento e colonização do Brasil*. São Paulo: Companhia das Letras, 2010 [1959], cap. 3, "Peças e pedras", p. 94.

4. Ibid., cap. 4, "O 'outro Peru'", pp. 120-71. Como Sérgio Buarque de Holanda estabeleceu o final de 1525 como a época da morte de Aleixo Garcia, e tendo os espanhóis chegado ao altiplano andino apenas após 1531, o historiador sustenta o pioneirismo português na busca de um cerro de prata, que existiria na imaginação antes de existir na geografia real. André Sekkel Cerqueira notou a importância do exemplo de Aleixo Garcia para a construção dos argumentos de Sérgio Buarque de Holanda em vários dos escritos a respeito da expansão territorial portuguesa na América do sul. Cf. Sérgio Buarque de Holanda, *Capítulos de expansão paulista* (Org. de Laura de Mello e Souza e André Sekkel Cerqueira. Notas de André Sekkel Cerqueira. São Paulo: Companhia das Letras, 2014, notas às pp. 122-3).

5. Andréa Doré, *Cartografia da promessa: Potosi e o Brasil em um continente chamado Peruana*. São Paulo: Intermeios, 2020, p. 128.

6. Ibid., p. 131.

7. Cito a partir da transcrição de Francisco Eduardo de Andrade, op. cit., p. 255. A referência do documento é Biblioteca Nacional do Rio de Janeiro, Avulsos, cód. 22,1,7 (Minas e Minerais), "Memória a respeito do descobrimento dos Martírios".

8. Assombrou também a minha, quando menina, por meio dos livros de Francisco Marins, sobretudo *Expedição aos Martírios...*

9. Nas Minas Gerais, em 1760, um escravizado chamado José Nagô, dizendo saber de uma lagoa com muito ouro (imagem recorrente nas notícias desde o século XVII) localizada num campo vizinho a um quilombo, guiou a bandeira chefiada por Bartolomeu Bueno do Prado até ela, no sertão oeste da capitania. Quando se fez a experiência, socavando as vertentes da lagoa e os córregos contíguos, só "se lhe achou [...] malacacheta que parecia ouro, sem que se achasse faisqueira alguma dele". Documento citado por Francisco Eduardo de Andrade, op. cit., p. 327.

10. Ver Miran de Barros Latif, *As Minas Gerais* (Rio de Janeiro: A Noite, [s.d.]), p. 33. Esse livro interessante foi ponto de partida de muitas das passagens deste capítulo. Para a presença dos meninos nas expedições ao sertão — na época, "o sertão é a escola por excelência", e "uma entrada equivale a um diploma" —, ver o livro em tantos pontos pioneiro de José de Alcântara Machado de Oliveira, *Vida e morte do bandeirante* (2. ed. São Paulo: Revista dos Tribunais, 1930), pp. 249-50.

11. José Vieira Couto, "Memória sobre as minas da capitania de Minas Gerais. Suas descrições, ensaios, e domicílio próprio; à maneira de itinerário", *Revista do Arquivo Público Mineiro* (doravante *RAPM*), ano 10, pp. 67-165, 1905, citações às pp. 66-7 e 75.

12. Francisco Eduardo de Andrade, op. cit., p. 160.

13. Ver *Códice Costa Matoso*, Biblioteca Municipal Mário de Andrade, Seção de Manuscritos, 874/70, fl. 14v.; "Exposição do Capitão Antônio Pereira da Silva a Valadares sobre o estado do Cuieté", Biblioteca Nacional do Rio de Janeiro (doravante BNRJ), Seção de Manuscritos (doravante SM), cód. 18,2,6, fl. 135.

14. A ideia de edenizações tardias encontra-se presente na obra de Sérgio Buarque de Holanda. Em *Visão do Paraíso*, op. cit., ver, por exemplo, às pp. 118-9, comentário acerca de passagem escrita por Hipólito José da Costa, quando coloca a capital imaginada do Brasil naquelas mágicas paragens, onde encontra ainda um sítio singularmente privilegiado a que não faltam sequer as velhas sugestões edênicas.

15. "Relatório de Cardoso de Souza a Valadares", Vitória, 15 set. 1769, BNRJ, SM, cód. 18,2,6.

16. "Colleção das memórias archivadas pela Camara da Villa do Sabará", *Revista do Instituto Histórico e Geográfico Brasileiro*, v. 6, n. 23, pp. 269-91, out. 1844.

17. Ver Sérgio Buarque de Holanda, "Trabalho e aventura", em *Raízes do Brasil* (9. ed. Rio de Janeiro: José Olympio, 1976), pp. 12-40. Sobre a mineração, diz Miran de Barros Latif em *As Minas Gerais*, op. cit., p. 162: "Quem planta, trabalha. Minerar, entretanto, já é aventura".

18. "Carta de Paulo Mendes Ferreira Campelo, capitão-regente do Cuieté, a Valadares", 4 abr. 1770, BNRJ, SM, cód. 18,2,6, fl. 1180.

19. Cláudio Manuel da Costa, *Vila Rica*, em João Ribeiro (Org.), *Obras poéticas de Cláudio Manuel da Costa*. Rio de Janeiro: Garnier, 1903, v. 2, p. 238.

20. Alvarenga Peixoto, "Canto genetlíaco", em Manuel Rodrigues Lapa, *Vida e obra de Alvarenga Peixoto*. Rio de Janeiro: INL; MEC, 1960, p. 35.

21. "Providências que se deram para a nova conquista do Cuieté", BNRJ, SM, cód. 2,2,24, "Livro Segundo das cartas que o Ilmº e Exmº Sr. Dom Antônio de Noronha [...]", fl. 222.

22. "Carta ao marquês de Angeja", 18 out. 1779, BNRJ, SM, cód. 2,2,24, fl. 234v.

23. "Carta a Martinho de Mello e Castro", 18 out. 1779, ibid., fl. 235.

24. "Carta de 20/10/1770", BNRJ, SM, cód. 18,2,7, doc. 73. Ver, entre muitos outros documentos, "Carta do marquês de Angeja", 17 jun. 1785, em "Ordens régias de Dona Maria I, transmitidas à Junta da Administração da capitania de Minas Gerais, por intermédio de Pedro Antônio de Albuquerque e Sousa, marquês de Angeja, ministro assistente ao despacho do Gabinete do Real Erário", BNRJ, SM, cód. 1-26,4.

25. Cláudio Manuel da Costa, *Vila Rica*, op. cit., p. 239.

26. José Rodrigues Abreu, *Historiologia médica, fundada e estabelecida nos princípios de George Ernesto Stahl* (Lisboa: Oficina de Antônio de Sousa da Silva, 1733). Cito essas passagens a partir do artigo erudito e sugestivo de Junia Furtado, que na sua abordagem do imaginário mineiro se aproxima, em alguns pontos, de questões que desenvolvo neste trabalho. Ver "As Índias do conhecimento, ou a geografia imaginária da conquista do ouro", *Anais de História de Além-Mar*, v. 4, pp. 155-212 (as citações se encontram respectivamente nas pp. 180 e 175), 2003. Da mesma autora, ver igualmente "José Rodrigues Abreu e a geografia imaginária emboaba da conquista do ouro", em Maria Fernanda Bicalho e Vera Lúcia Amaral Ferlini (Orgs.), *Modos de governar: Ideias e práticas políticas no Império Português (séculos XVI-XIX)* (São Paulo: Alameda, 2005); Id., "O pere-

grino instruído: José Rodrigues Abreu e a geografia imaginária das minas brasileiras", em Scarlett O'Phelan Godoy e Carmen Salazar-Soler (Orgs.), *Passeurs, mediadores culturales y agentes de la primera globalización en el Mundo Ibérico, siglos XVI-XIX* (Lima: Instituto Riva-Agüerro; PUCP; Instituto Francês de Estudios Andinos, 2005).

27. A esse respeito, ver a referência pioneira em Frei Antônio do Rosário, *Frutas do Brasil numa nova e ascética Monarquia, consagrada à Santíssima Senhora do Rosário*, com apresentação de Ana Hatherly (Lisboa: Biblioteca Nacional, 2002 [fac-símile da edição de Lisboa, António Pedroso Galrão, 1702]): "Pintou o Criador ao vivo nesta misteriosa flor a lamentável tragédia da sua Paixão: os azorragues, os cravos, as chagas, a coroa, o sangue, com tanta perfeição, e viveza, que por isso se chama a flor da Paixão". Ver também Sebastião da Rocha Pita, *História da América portuguesa desde o ano de mil e quinhentos do seu descobrimento, até o de mil setecentos e vinte e quatro* (Lisboa: Francisco Arthur da Silva, 1880), p. 15.

28. "Notícias da América", BNRJ, SM, cód. 1,4,1, fls. 58-59.

29. *Códice Costa Matoso*, fl. 13.

30. Ibid.

31. A lagoa maravilhosa esteve na origem de mitos geográficos dos primeiros tempos. Ver, entre outros, Marcelo Motta Delvaux, *As Minas imaginárias: O maravilhoso geográfico nas representações sobre o sertão da América portuguesa, séculos XVI-XIX* (Belo Horizonte: Fafich-UFMG, 2009 [Dissertação de Mestrado]).

32. João Cardoso Miranda, *Prodigiosa lagoa descuberta nas Congonhas das Minas do Sabará, que tem curado a varias pessoas dos achaques, que nesta relação se expõem*. Coimbra: Imprensa da Universidade, 1925, pp. 5, 6 e 29.

33. "Notícia diária e individual das marchas, e acontecimentos mais condignos, da jornada que fez o Sr. Mestre de Campo Inácio Correia Pamplona desde que saiu de sua casa, e fazenda do Capote às conquistas do sertão até se tornar a recolher à mesma sua dita fazenda do Capote", BNRJ, SM, cód. 18,2,6, fl. 198.

34. "Relatório de Cardoso de Souza a Valadares", BNRJ, cód. 18,2,6, fl. 1399.

35. José Vieira Couto, "Memória sobre as minas...", op. cit., pp. 93-4.

36. Cláudio Manuel da Costa, *Vila Rica*, op. cit., canto VI, p. 216. Para a edenização predominante do clima, ver Sérgio Buarque de Holanda, *Visão do Paraíso*, op. cit., cap. 6, "As atenuações plausíveis", pp. 202-25; e cap. 7, "Paraíso perdido", pp. 226-73.

37. José Rodrigues Abreu, op. cit. Mais uma vez, cheguei a esta obra e à passagem citada por meio do artigo de Junia Furtado, "As Índias do conhecimento", op. cit., p. 181.

38. BNRJ, SM, cód. 18,2,6, fls. 103-116 e 205-206.

39. Ibid., fl. 203.

40. José João Teixeira Coelho, "Instrução para o governo da capitania de Minas Gerais", *RAPM*, ano 8, pp. 399-581, 1903, citação à p. 410.

41. José Joaquim da Rocha, "Memória histórica da capitania de Minas Gerais", *RAPM*, ano 2, p. 516, 1897.

42. José Rodrigues Abreu, op. cit., p. 174.

43. Simão de Vasconcelos, *Noticias curiosas, e necessarias das cousas do Brasil* (Lisboa: Officina de Ioam da Costa, 1668), pp. 29-30. Sigo a atualização de grafia realizada por Andréa Doré, op. cit., p. 114, que me inspira nesta passagem.

44. Aqui, acompanho a análise de Maria de Fátima Costa, *História de um país inexistente: O Pantanal entre os séculos XVI e XVIII* (São Paulo: Estação Liberdade; Kosmos, 1999), cap. "Xarayes", pp. 129-59. Há contudo que considerar as ponderações de Mario Cezar Silva Leite em "Mar de Xaraés ou as 'reinações' do Pantanal" (*Sociedade e Cultura*, v. 5, n. 1, pp. 7-24, jan.-jun. 2002). Disponível em: <https://revistas.ufg.br/fcs/article/view/549/472>. Acesso em: 23 set. 2022.

45. Plínio Freire Gomes, *Um herege vai ao Paraíso: Cosmologia de um ex-colono condenado pela Inquisição (1680-1744)*. São Paulo: Companhia das Letras, 1997, pp. 154-71.

2. A DIMENSÃO TRÁGICA [pp. 42-66]

1. A definição e a qualificação das diferentes zonas de vegetação das Minas Gerais encontram-se em Diogo de Vasconcelos, *História antiga de Minas Gerais*, op. cit., pp. 84-5.

2. Ver Miran de Barros Latif, op. cit., pp. 71-2.

3. A meu ver, a denominação correta para a região é a corrente no século XVIII, e presente na documentação coeva: Distrito Diamantino. Demarcação Diamantina, utilizada por alguns, não expressa o sentido político-administrativo contemplado por Distrito Diamantino e é, além disso, anacrônica.

4. José Vieira Couto, "Memória sobre as minas...", op. cit., p. 128.

5. Diogo de Vasconcelos, *História antiga de Minas Gerais*, op. cit., p. 85. Na mesma página, a citação acima referida acerca do Jardim das Hespérides.

6. As citações do início do parágrafo encontram-se no *Códice Costa Matoso*, e corretamente citadas na nota seguinte. A referente à descida da serra é descrição de José Vieira Couto, "Memória sobre as minas...", op. cit., p. 89.

7. José Vieira Couto, "Memória sobre as minas...", op. cit., p. 99.

8. Stéphane Gal, *Histoires verticales: Les Usages politiques et culturelles de la*

montagne (XIVe-XVIIIe siècles) (Ceyzérieu: Champ Vallon, 2018). Ver sobretudo o cap. 1, "La Montagne: Une Verticalité entre pays et paysage", pp. 23-63.

9. André João Antonil, *Cultura e opulência do Brasil por suas drogas e minas* (Paris: Institut des Hautes Études de l'Amérique Latine, 1965), p. 422. Ver Francisco Eduardo de Andrade, op. cit., p. 179.

10. Ver Francisco Eduardo de Andrade, op. cit., p. 207, de onde tirei os trechos de documentos aqui citados. Para a alimentação no sertão, ver Maria da Glória Porto Kok, *O sertão itinerante: Expedições da capitania de São Paulo no século XVIII* (São Paulo: Hucitec; Fapesp, 2005), cap. 3, "Estratégias do cotidiano", pp. 35-132.

11. Todas as últimas citações de documentos encontram-se no *Códice Costa Matoso*. Ver fls. 7, 7v., 8, 9, 9v., 11, 13, 17, 17v., 18v. e 20. Sobre a fome nos primeiros tempos das Minas, ver a obra clássica de Mafalda Zemella, *O abastecimento da capitania de Minas Gerais no século XVIII* (São Paulo: FFCL-USP, 1951 [Tese de Doutorado]).

12. Francisco Eduardo de Andrade, op. cit., p. 208.

13. Maria da Glória Porto Kok, op. cit., p. 86.

14. Jean Bodin, *Les Six Livres de la République* (Paris: Jacques du Puys, 1576), Livro Quinto, cap. 1, "Du Règlement qu'il faut tenir pour accommoder la forme de [la] République à la diversité des hommes, et le moyen de connaître le naturel des peuples", pp. 538-9. Citado por Stéphane Gal, op. cit., pp. 97-8.

15. "Discurso histórico e político sobre a sublevação que nas Minas houve no ano de 1720", em *A Revolta de 1720 em Vila Rica* (Ouro Preto: Imprensa Oficial do Estado de Minas Gerais, 1898), pp. 8-9 e 89.

16. "Relatório decenal à Sé Romana — Sagrada Congregação do Concílio de Trento — 1757", cópia de transcrição datilografada existente no Arquivo Eclesiástico da Arquidiocese de Mariana, trad. de padre Flávio Carneiro Rodrigues (grifo meu). Martinho de Mendonça, governador interino das Minas, escrevia em 1737 que os frades apóstatas e os clérigos ignorantes se embrenhavam pelo sertão e promoviam tumultos por ser o sertão país licencioso e que consente toda a liberdade. "Motins no sertão e outras ocorrências em Minas Gerais durante o governo interino de Martinho de Mendonça de Pina e de Proença, conforme a correspondência deste com o governo da Metrópole", *RAPM*, ano 1, pp. 649-72, 1896, citação à p. 652.

17. Cláudia Damasceno Fonseca, "Cidades et villes cathédrales dans l'outremer portugais: Le Cas de Mariana (Minas Gerais)", *Histoire Urbaine, Société Française d'Histoire Urbaine*, n. 9, pp. 47-63, abr. 2004. Carolina Marotta Capanema, *A natureza política das Minas: Mineração, sociedade e ambiente no século XVIII* (Belo Horizonte: Fafich-UFMG, 2013 [Tese de Doutorado]), cap. 3, "Inundações em Mariana: Mineração, ambiente e representação de poder", pp. 126-65.

18. Arquivo Histórico Ultramarino, Brasil, Minas Gerais, cx. 51, doc. 45, fl. 2. Cito a partir de Tércio Voltani Veloso, "Propostas para conter as inundações no ribeirão do Carmo — Mariana, Minas Gerais (1745-1747)", *Angelus Novus*, n. 4, pp. 22-40, dez. 2012.

19. "Colleção das memórias archivadas pela Camara da Villa do Sabará", op. cit., pp. 280-1.

20. "Notícia diária e individual das marchas", BNRJ, cód. 18,2,6, fl. 187.

21. José Vieira Couto, "Memória sobre as minas...", op. cit., pp. 108-9.

22. "Carta do Juiz Ordinário de São João del Rei, José de Lima de Noronha, ao conde de Valadares", BNRJ, SM, cód. 18,3,5, doc. 75.

23. BNRJ, SM, gavetas, cód. 18,3,7.

24. José Vieira Couto, "Memória sobre as minas...", op. cit., p. 126.

25. "Notícia diária e individual das marchas", BNRJ, cód. 18,2,6, fls. 176 e 191.

26. "Carta de Inácio Correia Pamplona a Valadares", 7 set. 1769, BNRJ, fl. 21.

27. "Notícia diária e individual das marchas", BNRJ, cód. 18,2,6, fl. 178.

28. "Carta do tenente João Moreira da Silva a Valadares", 27 jul. 1770, BNRJ, SM, cód. 18,2,6, fl. 817.

29. "Notícia diária e individual das marchas", BNRJ, cód. 18,2,6, fl. 179.

30. José Vieira Couto, "Memória sobre as minas...", op. cit., p. 92.

31. "Relatório sobre o Cuieté de autoria de João da Silva Pereira de Sousa", BNRJ, SM, cód. 18,2,6, fl. 1394.

32. "Para o Marquês de Angeja dando-lhe parte da viagem, e estabelecimento da Conquista do Cuieté, em que foram três as cópias atrás redigidas, e a Relação dos toques, dos ouros das amostras dos rios em que se fez as provas", BNRJ, SM, cód. 2,2,24, fl. 234.

33. "Para o senhor Martinho de Mello e Castro, sobre o mesmo que a destina, a quem se mandaram as amostras de ouro", BNRJ, SM, cód. 2,2,24, fl. 234v.

34. "Carta Geográfica de Minas Gerais", Seção de Iconografia, BNRJ, ARC 4-6-38.

35. "Instrução que há de seguir o Capitão Antônio Cardoso de Souza", BNRJ, SM, cód. 18,2,6, fls. 1398 e 1400. Sobre os carauatãs, trata-se provavelmente da *Bromelia antiacantha*, vulgarmente conhecida por vários nomes: caraguatá, gravatá, gravataí, bananinha-do-mato, carauatá, croatá. Os frutos são comestíveis e a planta tem virtudes medicinais, sobretudo para manifestações gripais. Disponível em: <https://www.tudosobreplantas.com.br/asp/plantas/ficha.asp?id_planta=7433>. Acesso em: 2 out. 2020.

36. "Carta de João Pinto Caldeira, mestre de campo interino, a Valadares", 14 nov. 1770, BNRJ, SM, cód. 18,2,6, fls. 447-452.

37. "Memória do que deve observar na derrota, que tem de seguir o capitão Antônio Cardoso de Souza, para a conquista do gentio, a que vai destinado, e do

que há de praticar nesta importante diligência", Correspondência de Valadares, 1769, BNRJ, SM, cód. 18,2,6, fls. 1418-1419.

38. José Joaquim da Rocha, op. cit., p. 430. "Carta de Pamplona a Valadares", BNRJ, SM, cód. 18,2,6, fl. 88. Cartas de Martinho de Mendonça de Pina e de Proença em "Motins no sertão e outras ocorrências em Minas Gerais durante o governo interino de Martinho de Mendonça de Pina e de Proença, conforme a correspondência deste com o governo da Metrópole", *RAPM*, ano 1, 1896, p. 649. Para análises mais conceituais sobre o sertão de Minas Gerais, ver Cláudia Damasceno Fonseca, *Des Terres aux villes de l'or: Pouvoirs et territoires urbains au Minas Gerais* (*Brésil, XVIIIe siècle*) (Paris: Centre Culturel Calouste Gulbenkian, 2008), sobretudo a primeira parte, "Du Sertão au territoire: Occupation et politique de l'espace du Minas Gerais", pp. 35-253; Márcio Roberto Alves dos Santos, *Rios e fronteiras: Conquista e ocupação do sertão baiano* (São Paulo: Edusp, 2017), sobretudo o cap. 11, "As representações espaciais da ocupação", pp. 352-85; Hal Langfur, *The Forbidden Lands: Colonial Identity, Frontier Violence, and Persistence of Brazil's Eastern Indians, 1750-1830* (Stanford: Stanford University Press, 2006); Márcia Amantino, *O mundo das feras: Os moradores do sertão oeste de Minas Gerais, século XVIII* (São Paulo: Annablume, 2008), cap. 1, "O espaço rebelde", pp. 33-51.

39. Auguste de Saint-Hilaire, *Voyage dans les provinces de Rio de Janeiro et de Minas Geraes* (Gallica BnF [Paris: Grimbert et Dorez, 1830]), v. 2, pp. 299-301. Para uma boa definição de sertão, ver Luis Gustavo Molinari Mundim, *De José Joaquim da Rocha a Frederich Wagner: Civilização, nativos e colonos nas representações cartográficas dos sertões leste de Minas Gerais* (*1778-1855*) (Belo Horizonte: Fafich-UFMG, 2009 [Dissertação de Mestrado]), cap. 1, "Civilização e sertões", pp. 31-85.

40. "Cartas de Pamplona a Valadares", BNRJ, SM, cód. 18,2,6, fl. 108; "Notícia diária e individual das marchas", BNRJ, SM, cód. 18,2,6, fl. 171.

41. "Fala o sertão e Campo do Bambuí do Rio de São Francisco com o Sr. Inácio Correia Pamplona, Mestre de Campo e Regente Governador", em "Notícia diária e individual das marchas, BNRJ, cód. 18,2,6, fl. 172. O versejador leu o poema em voz alta e o ofereceu por sobremesa num almoço que o irmão do mestre de Campo, padre João da Costa Resende, serviu aos sertanistas. No final, deram-se vivas entusiasmados, com grande aplauso.

42. José Vieira Couto, "Memória sobre as minas...", op. cit., p. 102.

43. Márcio Roberto Alves dos Santos, op. cit., pp. 378-9. O autor considera que tais cartas geográficas, de conteúdo bastante diversificado quanto à qualidade do desenho, escala de representação, elementos gráficos e espaços abrangi-

dos, tenham sido uma das principais bases para o trabalho dos padres matemáticos, ou seja, Diogo Soares e Domingos Capassi. No que tange à catalogação dos exemplares depositados na Biblioteca Nacional do Rio de Janeiro, ver Jaime Cortesão, *História do Brasil nos velhos mapas* (Rio de Janeiro: Instituto Rio Branco, 1965-71), v. 2, pp. 221-7. Para cartas e mapas coevos referentes a Minas Gerais, é imprescindível a consulta a Antônio Gilberto Costa, Friedrich Ewald Renger, Junia Furtado e Márcia Maria Duarte dos Santos, *Cartografia das Minas Gerais: Da capitania à província* (Belo Horizonte: UFMG, 2002).

44. "Notícia diária e individual das marchas", BNRJ, cód. 18,2,6, fls. 205 e 191.

45. José Vieira Couto, "Memória sobre as minas...", op. cit., p. 96: "[...] e outras coisas assim feias os nossos guias muito as amplificavam [...]".

46. BNRJ, SM, cód. 18,2,6, fl. 1264.

47. "Carta de Luís Diogo Lobo da Silva a Antônio Cardoso de Souza", 13 dez. 1767, BNRJ, SM, cód. 18,2,6, fl. 1191.

48. Ver Carlo Ginzburg, "Sinais: raízes de um paradigma indiciário", em *Mitos, emblemas, sinais* (São Paulo: Companhia das Letras, 1988). Ver sobretudo a análise luminosa de Sérgio Buarque de Holanda, "Veredas de pé posto", em *Caminhos e fronteiras* (São Paulo: José Olympio, 1957), p. 17: "Essa espécie de rústico alfabeto, unicamente acessível a indivíduos educados na existência andeja do sertanista, requer qualidades pessoais que dificilmente se improvisam. É possível, talvez, ter ideia da segurança com que os índios se guiavam pelos astros ou rastros, conhecendo a perícia de nosso caboclo no distinguir ou identificar os menores vestígios da passagem de animais nos carreiros. Um exame superficial das pegadas de um homem ou bicho basta-lhe muitas vezes para tirar as deduções mais precisas sobre sua origem, sua direção e a época em que foram produzidas".

49. "Exposição do Capitão Antônio Pereira da Silva a Valadares sobre o estado do Cuieté", BNRJ, SM, cód. 18,2,6, fls. 1535-42.

50. Refiro-me aqui à análise de Evaldo Cabral de Mello, *Olinda restaurada: Guerra e açúcar no Nordeste, 1630-1654* (Rio de Janeiro: Forense Universitária; São Paulo: Edusp, 1975), notadamente o capítulo "Guerra de Flandres e Guerra do Brasil", que trata, de forma original, da acomodação da arte militar europeia às condições ecológicas específicas do Nordeste.

51. "Carta de Manuel da Rocha Brandão a Valadares", 29 mar. 1770, BNRJ, SM, cód. 18,2,3, doc. 149.

52. "Para o Marquês Vice-Rei sobre estar quase finalizada a expedição dos 4 mil homens e das mais providências que se tem dado a este respeito, e para defesa desta própria capitania", BNRJ, SM, cód. 2,2,24, fl. 114.

53. "Na mente dos reis, conselheiros metropolitanos, administradores coloniais e muitos colonos, o sertão ou os sertões estavam associados à desordem, ao desvirtuamento e à instabilidade. Eles eram vistos como sendo povoados por pessoas [...] marginalizadas na melhor das hipóteses, ou totalmente situadas para além dos limites impostos pelos padrões metropolitanos em termos de ortodoxia religiosa, costumes, moralidade, cultura e relações interpessoais. A civilidade estava ausente, o barbarismo reinava. [...] Para todos, salvo para os sertanejos, o sertão era um estado de espírito e de percepções: descrevê-lo como simples periferia é ignorar a multiplicidade de conotações que a palavra e a região evocam." A. J. R. Russell-Wood, "Centros e periferias no mundo luso-brasileiro, 1500-1808", *Revista Brasileira de História*, v. 18, n. 36, 1998. Disponível em: <https://www.scielo.br/scielo.php?script=sci_arttext&pid=S0102-01881998000200010&lng=en&nrm=iso>. Acesso em: 10 out. 2020.

54. BNRJ, SM, cód. 18,3,3, Correspondência de Valadares, doc. 232.

55. Cláudio Manuel da Costa, *Vila Rica*, op. cit., p. 240.

56. Ângelo Alves Carrara, *Minas e currais: Produção rural e mercado interno de Minas Gerais (1674-1807)*. Juiz de Fora: UFJF, 2007, pp. 198-9.

57. "Representação de vassalos a d. Maria I", Arquivo Público Mineiro, Seção Colonial, cód. 218, Originais de cartas, ordens régias, avisos e cartas do vice-rei, fls. 214-221 (grifos meus).

58. "Cartas de Pamplona a Valadares", respectivamente de 3 abr. 1770 e 7 set. 1769, BNRJ, SM, cód. 18,2,3, fl. 1; e cód. 18,2,6, fl. 25.

59. "Carta do Juiz Ordinário da Vila do Príncipe Manuel Jacome Soeiro a Valadares", 7 fev. 1769, BNRJ, SM, cód. 18,3,5, doc. 233. Sobre a animalização dos habitantes do sertão, ver Márcia Amantino, op. cit.

60. "Carta do Padre José Correia Porto a Valadares", BNRJ, SM, cód. 18,3,1.

61. Cláudio Manuel da Costa, "Fundamento histórico" ao poema *Vila Rica*, em João Ribeiro (Org.), *Obras poéticas de Cláudio Manuel da Costa*, op. cit., v. 2, p. 165.

62. "Carta do Coronel Antônio Joaquim de Vasconcelos Parada e Souza a Valadares", BNRJ, SM, cód. 18,2,3, doc. 66.

63. Não cabendo deter-me aqui sobre os indígenas, remeto a importantes trabalhos que o fizeram para o contexto de Minas: Hal Langfur, *The Forbidden Lands*, op. cit.; Maria Leônia Chaves de Resende, *Gentios brasílicos: Índios coloniais em Minas Gerais setecentista* (Campinas: IFCH-Unicamp, 2003 [Tese de Doutorado]); Márcia Amantino, op. cit.

64. Joaquim Ribeiro, *Folclore dos bandeirantes* (Rio de Janeiro: José Olympio, 1946), p. 79; Luís dos Santos Vilhena, *Notícias soteropolitanas e brasílicas*, Org. de Brás do Amaral (Salvador: Imprensa Oficial do Estado da Bahia, 1922), p. 722.

65. Cito a referência a partir de Márcia Amantino, op. cit., p. 37.

66. "Relação da viagem que fez o conde de Azambuja, Dom Antônio Rolim, da cidade de São Paulo para a Vila de Cuiabá em 1751", em Afonso de E. Taunay (Org.), *Relatos monçoeiros* (Belo Horizonte: Itatiaia; São Paulo: Edusp, 1981), pp. 214-5. Ver Maria da Glória Porto Kok, op. cit., p. 93.

67. José Joaquim Rocha, op. cit., pp. 514-5.

68. Cláudio Manuel da Costa, *Vila Rica*, op. cit., p. 203. O temor das cobras que tragavam gente já era expresso em carta de d. Lourenço de Almeida datada de 14 de março de 1732, quando fala que ninguém queria trabalhar em certo trecho de um rio porque as cobras já haviam engolido vários escravizados. "Documentos relativos ao descobrimento dos diamantes na comarca do Serro do Frio copiados e conferidos por Augusto de Lima", *RAPM*, ano 7, pp. 251-355, 1902, citação à p. 282.

69. "Notícia diária e individual das marchas", BNRJ, SM, cód. 18,2,6, fls. 198-199.

70. São Julião Hospitalário consta da *Legenda áurea* de Jacopo de Varazze. Ver *La Légende dorée* (dir. de Alain Boureau. Paris: Gallimard, 2004, Bibliothèque de la Pléiade). Para uma edição brasileira, ver Jacopo de Varazze, *Legenda áurea: Vidas de santos* (Trad. de Hilário Franco Júnior. São Paulo: Companhia das Letras, 2003). Gustave Flaubert tomou-o como personagem para aquele que, a meu ver, é o mais belo dos seus *Trois Contes* [*Três contos*], publicados em 1877. Em "La Légende de Saint Julien l'Hospitalier", a lenda aparece modificada, Flaubert acentuando a obsessão assassina de Julião ante a caça de animais. O pintor português Amadeu de Souza-Cardoso realizou um trabalho extraordinário de ilustração e transcrição manual do conto. Ver Amadeu de Souza-Cardoso, *La Légende de Saint Julien l'Hospitalier de Flaubert*, com texto de Maria Filomena Molder (Paris: Fondation Calouste Gulbenkian, 2006).

71. APM, SC, cód. 229, fl. 20v.; APM, SC, cx. 20, doc. 29; ACSM, 1º ofício, cód. 84, auto 1795 — "Inventário do Capitão José Leme da Silva".

72. APM, SC, cx. 20, doc. 04 e doc. 16. Para análise mais aprofundada da atuação dos sertanistas em Minas Gerais, ver Laura de Mello e Souza, "Famílias de sertanistas: Expansão territorial e riqueza familiar em Minas na segunda metade do século XVIII", em Maria Beatriz Nizza da Silva (Org.), *Sexualidade, família e religião na colonização do Brasil* (Lisboa: Horizonte, 2001), v. 1, pp. 201-13.

73. Ver mapas de José Joaquim da Rocha em *Geografia histórica da capitania de Minas Gerais* (Belo Horizonte: Fundação João Pinheiro, 1995), anexos, estudo crítico de Maria Efigênia Lage de Resende; José Ferreira Carrato, *Igreja, Iluminismo e escolas mineiras coloniais* (São Paulo: Companhia Editora Nacional; Edusp, 1968), mapa em anexo, elaborado pelo autor; Joaquim Ribeiro Costa, *Toponímia de Minas Gerais* (Belo Horizonte: Imprensa Oficial do Estado de Minas Gerais, 1970).

74. Alcântara Machado, *Vida e morte do bandeirante*. 2. ed. São Paulo: Revista dos Tribunais, 1930, p. 246.

3. A DIMENSÃO PRÁTICA [pp. 67-93]

1. Norbert Elias, *O processo civilizador* [1939]. Rio de Janeiro: Jorge Zahar, 1990 (v. 1) e 1993 (v. 2).

2. Cláudio Manuel da Costa, "Fundamento histórico", op. cit., p. 163.

3. "Sobre o Descoberto do Abaeté, de Tomás Francisco Pires. Com roteiro do dito Descoberto do Abaeté", BNRJ, SM, cód. 18,2,6, Correspondência de Valadares, 1769, fl. 647. "Grandeza", nesse contexto, significa grandeza de ouro, e "conta" também remete a ouro.

4. Para os variados tipos de roteiros, oferecendo deles como que uma interessante tipologia, ver a análise sugestiva de Francisco Eduardo de Andrade, op. cit., cap. 6, "Artes do descobridor", pp. 235-64.

5. "Rios e córregos em que se descobriram e mineraram os diamantes desde 1729 até o presente de 1734", BNRJ, Minas e recursos minerais (MG), 1734.

6. Estas duas últimas legendas se referem a pedras enormes. Agradeço a Ângelo Carrara por ter feito para mim o cálculo e chamado a atenção para essas dimensões. Eis, convertido, o tamanho da maior delas: $6\frac{1}{4}_{/8}$ = 6,25 oitavas = 22,4125 gramas = 112 quilates. Em 2015, sempre segundo Ângelo Carrara, leiloaram uma pedra de cem quilates nos Estados Unidos por mais de 25 milhões de dólares.

7. "Carta topográfica das terras diamantinas em que se descrevem todos os rios, corgos e lugares mais notáveis que nelas se contém, para ver o Ilm.º Exm.º Sr. Marquês de Pombal", Conselho de Estado, 1763, BNRJ, ARC 24-1-3.

8. "Minas Gerais, 1770 — Carta Geográfica de Minas Gerais", BNRJ, ARC 4-6-38.

9. "Carta corográfica da parte da capitania de São Paulo que confina com a capitania de Minas Gerais, em que se mostram as diversas divisões que em diferentes tempos se tem feito entre estas duas capitanias", 1874, BNRJ, ARC 28-1-23.

10. "Mapa da capitania de Minas Gerais com a divisa de suas comarcas", BNRJ, ARC 18-5-9. Sobre a cartografia em Minas, com bom destaque para José Joaquim da Rocha, ver Cristina Ávila, Juliana Souza Duarte, Maria do Carmo Andrade Gomes, Maria Luísa Thomasi e Renata Hanriot, "Cartografia e Inconfidência: A obra de José Joaquim da Rocha", *Análise e Conjuntura: Inconfidência Mineira e Revolução Francesa — Bicentenário: 1789-1989* (Belo Horizonte, Fundação João Pinheiro, v. 4, n. 2 e 3, maio-dez. 1989), pp. 373-92. O mapa compulsado pelas autoras é outro, existente na Diretoria do Serviço Geográfico do

Exército, e do qual o da Biblioteca Nacional do Rio de Janeiro foi, ao que tudo indica, copiado. Ver ainda Jaime Cortesão, op. cit., pp. 221-7; Antônio Gilberto Costa, Friedrich Ewald Renger, Junia Furtado e Márcia Maria Duarte dos Santos, op. cit.

11. Cláudio Manuel da Costa, "Fundamento histórico", op. cit., p. 155.

12. "Convocados todos, e guiados pelo roteiro, que lhes deixara o falecido, saíram de São Paulo, que já então era vila, pelos anos de 1694, romperam os matos gerais e servindo-lhes de norte o pico de algumas serras, que eram os faróis, na penetração dos densíssimos matos, vieram estes conquistadores sair finalmente sobre a Itaverava, serra que de Vila Rica dista oito léguas." José Joaquim da Rocha, op. cit., pp. 426-517, citação à p. 427. Sobre o alcance do texto de Cláudio e a questão das cópias que sobre ele se fizeram posteriormente, ver o estudo crítico de Maria Efigênia Lage de Resende a *Geografia histórica da capitania de Minas Gerais*, op. cit., pp. 58-66, onde mostra o plágio de José Joaquim da Rocha e Diogo Pereira Ribeiro de Vasconcelos com relação ao "Fundamento histórico".

13. Diogo Pereira Ribeiro de Vasconcelos, "Breve descrição geográfica, física e política da capitania de Minas Gerais oferecida ao Ilmº e Exmº Sr. Pedro Maria Xavier de Athaíde e Mello do Conselho de S.A.R. Governador e Capitão general da Capitania de Minas Gerais com o seu elogio", *RAPM*, ano 6, pp. 757--853, 1901, citação à p. 780.

14. Cáudio Manuel da Costa, "Fundamento histórico", op. cit., pp. 157-8.

15. Id., *Vila Rica*, op. cit., canto VI, p. 217. No rastro da tradição fundadora de Cláudio, Carlos Drummond de Andrade diria, em nossos dias, que "Minas é palavra abissal. Minas é dentro/ e fundo". "A palavra Minas", em *As impurezas do branco*, op. cit., p. 112.

16. Sobre a ação desses governadores, ver Hal Langfur, *The Forbidden Lands*, op. cit., pp. 169 ss.

17. "Memória do que deve observar na derrota, que tem de seguir o capitão Antônio Cardoso de Souza, para a conquista do gentio, a que vai destinado, e do que há de praticar nesta importante diligência", Correspondência de Valadares, 1769, BNRJ, SM, cód. 18,2,6, fl. 1419.

18. Cláudio Manuel da Costa, *Vila Rica*, op. cit., pp. 247-8.

19. "Falla ao Illmº e Exmº Sor. Dom Antônio de Noronha, Govor. e C.Gl. das Minas Geraes recolhendose da conquista do Caieté que com ardente zelo promoveu, adeantou e completou finalme. no seu felicissimo Governo", Cláudio Manuel da Costa, op. cit., v. 2, pp. 122-5.

20. Ibid., pp. 186-7.

21. Hal Langfur, *The Forbidden Lands*, op. cit., pp. 75-6.

22. "Exposição do governador Dom Rodrigo José de Menezes sobre o esta-

do de decadência da capitania de Minas Gerais e meios de remediá-lo" [1780], *RAPM*, ano 2, pp. 311-27, 1897.

23. Ibid., p. 312.

24. Ibid., p. 313.

25. José Vieira Couto, "Memória sobre as minas...", op. cit., p. 75.

26. Cláudia Damasceno Fonseca, "Les Travaux publics: L'Adduction d'eau et la voirie", em *Des Terres aux villes de l'or*, op. cit., pp. 507-22; Marjolaine Carle, *Des Rivières, de l'or et des fontaines: Politique des eaux au XVIIIe siècle à Vila Rica* (*Minas Gerais, Brésil*) (Paris: École des Hautes Études en Sciences Sociales, 2016 [Tese de Doutorado]); Denise Maria Ribeiro Tedeschi, *Águas urbanas: Fornecimento e usos cotidianos da água em Mariana, Minas Gerais* (*1735-1808*) (Campinas: IFCH-Unicamp, 2011 [Dissertação de Mestrado]).

27. BNRJ, SM, cód. 18,3,4, Correspondência de Valadares, doc. 144.

28. Álvaro Araújo Antunes, *Espelho de cem faces: O universo relacional de um advogado setecentista* (São Paulo: Annablume, 2004); Id., *Fiat Justicia: Os advogados e a prática da justiça em Minas Gerais, 1750-1808* (Campinas: IFCH-Unicamp, 2005 [Tese de Doutorado]). Laura de Mello e Souza, *Cláudio Manuel da Costa: O letrado dividido* (São Paulo: Companhia das Letras, 2011).

29. Carlos Magno Guimarães e Liana Maria Reis, "Agricultura e escravidão em Minas Gerais (1700-1750)", *Varia Historia*, v. 2, n. 2, pp. 7-27, jun. 1986. Angelo Alves Carrara, op. cit., passim. José Newton Coelho Meneses ressaltou a importância da agricultura de alimentos ao longo do século XVIII mineiro, sempre complementar a outras atividades econômicas, como a mineração, o comércio e o artesanato. Ver *O continente rústico: Abastecimento alimentar nas Minas Gerais setecentistas* (Diamantina: Maria Fumaça, 2000).

30. José João Teixeira Coelho, op. cit., p. 556.

31. Ibid., pp. 452, 460 e 478.

32. José Vieira Couto, "Memória sobre as minas...", op. cit., p. 83. Sobre a preocupação com a ordenação da natureza, ver Keith Thomas, *O homem e o mundo natural* (São Paulo: Companhia das Letras, 1987), cap. 1, "O predomínio humano", pp. 21-60.

33. BNRJ, SM, cód. 18,3,3, Correspondência de Valadares, doc. 390.

34. "Memória sobre as salinas da capitania de Minas Gerais por José Vieira do Couto" — Tejuco, 20 nov. 1801, Instituto Histórico e Geográfico Brasileiro, lata 19, pasta 7. Esta memória foi publicada como parte da "Memória sobre as minas...", op. cit., pp. 116-21.

35. Escrevendo em 1773 no seu *Voyage à l'Ile de France*, Bernardin de Saint-Pierre dizia: "*Il n'est donc pas étonnant que les voyageurs rendent si mal les objets naturels. S'ils vous dépeignent un pays, vous y voyez des villes, des fleuves et des*

montagnes, mais leurs descriptions sont arides comme des cartes de géographie: l'Hindoustan ressemble à l'Europe. La physionomie n'y est pas. Parlent-ils d'une plante? Ils en détaillent bien les fleurs, les feuilles, l'écorce, les racines; mais son port, son ensemble, son élégance, sa rudesse ou sa grâce, c'est ce qu'aucun ne rend" [Não é de admirar, então, que os viajantes representem tão mal os objetos naturais. Se eles retratam um país, você vê cidades, rios e montanhas, mas suas descrições são tão estéreis quanto mapas: o Hindustão se parece com a Europa. A fisionomia não existe. Eles estão falando de uma planta? Detalham bem as flores, as folhas, a casca, as raízes; mas seu porto, seu todo, sua elegância, sua aspereza ou sua graça, é o que ninguém representa]. Em Romain Bertrand, *Le Détail du monde: L'Art perdu de la description de la nature* (Paris: Seuil, 2019), p. 42.

36. Hugh Cagle e Matthew Crawford, "Enlightened Reformism in Iberian Culture and Science", em Fernando Bouza, Pedro Cardim e Antonio Feros, *The Iberian World: 1450-1820* (Londres; Nova York: Routledge, 2020), pp. 500-18, referência à p. 508: *"Imperial prosperity was to be built upon imperial science"* [A prosperidade imperial deveria ser construída sobre a ciência imperial].

37. O interesse científico pela natureza generalizou-se sobretudo na década de 1780, quando a Academia Real das Ciências de Lisboa passou a funcionar e a desenvolver programa nesse sentido. As leituras científicas teriam então sobrepujado as demais. Na mesma época, Lineu era lido em latim — nas universidades — ou em edições vindas de Viena e Leipzig. Em meados da década de 1780 começaram a circular traduções castelhanas, e a primeira tradução portuguesa só apareceu em 1809. Ver João Luís Lisboa, *Ciência e política: Ler nos finais do Antigo Regime* (Lisboa: Instituto Nacional de Investigação Científica, 1991), pp. 99-100, 108-9 e 112. Escrevendo no início da década de 1770, Valadares mostrava dessa forma preocupações afinadas com a vanguarda do conhecimento científico português da época, e familiaridade com leituras de vanguarda para um leigo nas ciências. Para o papel desempenhado por homens como o italiano Domingos Vandelli na investigação científica de Portugal daquele tempo, bem como para a ação precursora dos brasileiros Alexandre Rodrigues Ferreira e Manuel de Arruda da Câmara, ver Maria Elice Brzenski Prestes, *A investigação da natureza no Brasil colônia* (São Paulo: Annablume, 2000).

38. BNRJ, SM, cód. 1,4,1, Correspondência de Valadares, fl. 33v.

39. É de Miran de Barros Latif a imagem do porco a comer detritos por debaixo das casas. Ver *As Minas Gerais*, op. cit., p. 106.

40. Diogo Pereira Ribeiro de Vasconcelos, op. cit., pp. 770-1.

41. Hugh Cagle e Matthew Crawford, "Enlightened Reformism in Iberian Culture and Science", op. cit., p. 509: *"Iberian colonies were less a source of ontological mystery and increasingly targets of imperial mastery"* [As colônias ibéricas

eram menos uma fonte de mistério ontológico e cada vez mais alvos do domínio imperial].

42. Ilka Boaventura Leite, *Negros e viajantes estrangeiros em Minas Gerais, século XIX* (São Paulo: FFLCH-USP, 1986 [Tese de Doutorado]), p. 29. Para um estudo sobre um importante relato de viagem pelo Caminho Novo no meado do século XVIII, ver Laura de Mello e Souza, "A viagem de um magistrado: Caetano da Costa Matoso a caminho de Minas Gerais em 1749", *Varia Historia*, número especial, *Códice Costa Matoso*, v. 15, n. 21, pp. 381-9, jul. 1999. Para uma boa síntese sobre os caminhos em Minas Gerais, ver Patrício Aureliano Silva Carneiro, *Do sertão ao território das Minas Gerais: Entradas e bandeiras, política territorial e formação espacial no período colonial* (Belo Horizonte: Instituto de Geociências, UFMG, 2013 [Tese de Doutorado]), pp. 171-219.

43. Miran de Barros Latif, op. cit., p. 58.

44. BNRJ, SM, cód. 18,2,5, Correspondência de Valadares, doc. 159.

45. BNRJ, SM, gavetas, cód. 18,3,7, "Representação da Câmara da Vila do Príncipe", 1769.

46. Arquivo Histórico Ultramarino, Índia, cx. 34, ord. 44 (1731), fl. 2v.

47. José Elói Ottoni, "Memória sobre o estado atual da capitania de Minas Gerais", *Anais da Biblioteca Nacional*, v. 30, pp. 303-18, pp. 207-8; José Vieira Couto, "Memória sobre as minas...", op. cit., p. 84.

48. *RAPM*, ano 17, pp. 243 e 245, 1912.

49. BNRJ, SM, cód. 18,3,5, Correspondência de Valadares, doc. 242.

50. José Vieira Couto, "Memória sobre as minas...", op. cit., p. 97.

51. BNRJ, "Livro Segundo das cartas que o Ilmº e Exmº Sr. Dom Antônio de Noronha [...]", cartas de 1777 dirigidas a Pombal, fls. 14v. ss. e 75-76.

52. BNRJ, SM, cód. 18,2,5, Correspondência de Valadares, fl. 194.

53. BNRJ, SM, cód. 18,3,3, Correspondência de Valadares, doc. 53, 29 nov. 1768; e também cód. 18,3,1, carta de 30 ago. 1769, fl. 310.

54. BNRJ, SM, cód. 18,3,1, Correspondência de Valadares, carta de 28 fev. 1769, fl. 5.

55. BNRJ, SM, cód. 18,3,2, Correspondência de Valadares, doc. 245.

56. Diogo de Vasconcelos, *História média de Minas Gerais*. Belo Horizonte: Imprensa Oficial do Estado de Minas Gerais, 1918, pp. 221-2 e 231.

57. Arquivo Público Mineiro, Seção Colonial, Registro de cartas, ordens e circulares do governador a autoridades da capitania e respectivas respostas, 1775-1776, carta de 9 nov. 1776, "Para o Doutor Ouvidor Inácio José de Alvarenga". Trata-se do poeta inconfidente, determinando que fiscalize o abastecimento do Regimento Pago que seguia das Minas para atender à defesa do Rio de

Janeiro, então sob ameaça de iminente ataque castelhano. Para o fornecimento de capim aos animais — o que gerava protestos da população —, ver carta de Valadares ao rei, de 1778: APM, SC, 218, Originais de cartas, ordens régias, avisos e cartas do vice-rei.

58. BNRJ, SM, cód. 18,3,2, Correspondência de Valadares, "Carta de José Álvares Maciel ao Conde", 4 out. 1770, doc. 9. Trata-se do pai do inconfidente.

59. BNRJ, SM, "Livro Segundo das cartas que o Ilm° e Exm° Sr. Dom Antônio de Noronha [...]", fl. 98.

60. BNRJ, SM, cód. 18,2,6, Correspondência de Valadares, fls. 1094-1096.

61. BNRJ, SM, "Livro Segundo das cartas que o Ilm° e Exm° Sr. Dom Antônio de Noronha [...]", cartas de 27 jul. 1778, fls. 164 e 165v.

62. Márcio Roberto Alves dos Santos, op. cit., pp. 188-90.

63. *Autos de Devassa da Inconfidência Mineira* (doravante *ADIM*) (Rio de Janeiro: Ministério da Educação, 1936), v. 1, p. 161: "Logo que foi preso o Tiradentes, e Joaquim Silvério, ouvia contar geralmente aos viandantes, que aquelas prisões eram por levante, que se queria fazer nestas Minas".

64. *ADIM*, v. 1, pp. 129-33; v. 3, p. 354.

65. *ADIM*, v. 1, p. 184; v. 2, pp. 234 ss.; v. 3, pp. 300-1.

66. *ADIM*, v. 1, pp. 145 e 266; v. 2, pp. 436-7.

67. *ADIM*, v. 2, pp. 134-5 e 137.

68. *ADIM*, v. 3, p. 261.

69. Arquivo Histórico da Câmara Municipal do Serro (Casa dos Ottoni), "Autos de Correições", 1733-1792, Vila do Príncipe, fl. 34v. Este documento foi gentilmente cedido por Luciano Raposo de Almeida Figueiredo, a quem expresso aqui meu agradecimento.

70. BNRJ, SM, cód. 18,3,4, Correspondência de Valadares, doc. 69.

71. Miran de Barros Latif, op. cit., pp. 94-6.

72. José João Teixeira Coelho, op. cit., pp. 557-8.

73. José Gregório de Moraes Navarro, *Discurso sobre o melhoramento da economia rústica do Brasil pela introdução do arado, reforma das fornalhas e conservação de suas matas etc.* (Lisboa: Oficina de Simão Tadeu Ferreira, 1799), p. 12.

74. José Vieira Couto, "Memória sobre as minas...", op. cit., pp. 97 e 101.

75. Ibid., pp. 147-8.

76. Ibid., p. 83.

77. Diogo Pereira Ribeiro de Vasconcelos, op. cit., p. 837.

78. Arquivo Histórico da Câmara Municipal de Serro do Frio, cx. 17, livro 1, "Registro geral de provimentos e correições", 1733-1792, fls. 182-182v. Este documento me foi gentilmente cedido por Luciano Raposo de Almeida Figueiredo, a quem agradeço vivamente.

79. *ADIM*, v. 1, p. 176.

80. BNRJ, SMS, cód. 18,2,6, "Do Mestre de Campo Inácio Correia Pamplona", fls. 188 e 193.

81. Ibid., fl. 203.

82. Diogo Pereira Ribeiro de Vasconcelos, op. cit., p. 775.

83. José Vieira Couto, "Memória sobre as minas...", op. cit., p. 77.

84. J. B. von Spix e C. F. P. von Martius, *Viagem pelo Brasil* (Rio de Janeiro: Imprensa Nacional, 1938), v. 1, p. 314. Para o processo de destruição do solo, ver Miran de Barros Latif, op. cit., pp. 89-97.

85. B. von Spix e C. F. P. von Martius, op. cit., p. 339.

4. A DIMENSÃO AFETIVA [pp. 94-117]

1. Ivo Porto de Menezes, "Os frontispícios na arquitetura religiosa em Minas Gerais", *Cadernos de Arquitetura e Urbanismo*, v. 14, n. 15, 2007. Disponível em: <http://periodicos.pucminas.br/index.php/Arquiteturaeurbanismo/article/view/816>. Acesso em: 10 jun. 2021.

2. O pelourinho original datava de 1750, tendo sido demolido em 1870 e reconstruído em 1970, sempre no mesmo lugar.

3. Carmem Marques Rodrigues, "Os mapas de sertanistas das pedras brilhantes: Entre o traço rústico dos sertanistas e o desenho exato da cartografia europeia", *Temporalidades — Revista Discente do Programa de Pós-Graduação em História da UFMG*, v. 8, n. 2, maio-ago. 2016. Disponível em: <https://periodicos.ufmg.br/index.php/temporalidades/article/view/19846150211>. Acesso em: 11 out. 2020.

4. Sigo a argumentação instigante de Junia Furtado no artigo "As Índias do conhecimento", acrescentando-lhe algumas considerações mais pessoais.

5. A esse respeito, ver Hal Langfur, "Mapeando a conquista", *RAPM*, ano 47, pp. 30-47, 2011, citação à p. 40.

6. Junia Furtado, "Um cartógrafo rebelde? José Joaquim da Rocha e a cartografia de Minas Gerais", *Anais do Museu Paulista*, v. 17, n. 2, jul.-dez. 2009. Disponível em: <https://doi.org/10.1590/S0101-47142009000200009>. Acesso em: 11 out. 2020.

7. Junia Furtado identificou a ave a um papagaio, mas não tenho a mesma certeza.

8. Para a relação entre a cartografia e as memórias históricas e geográficas de José Joaquim da Rocha, por um lado, e o poema épico *Vila Rica*, de Cláudio

Manuel da Costa, por outro, ver o já citado artigo de Junia Furtado, "Um cartógrafo rebelde?".

9. Junia Furtado, "Um cartógrafo rebelde?", op. cit.

10. Caetano Luiz de Miranda teria nascido no Tejuco por volta de 1774 e era filho do pintor Antônio Pinto de Miranda, que também produzira mapas. Ver Márcia Maria Duarte dos Santos, Jorge Pimentel Cintra e Antônio Gilberto Costa, "A capitania de Minas Gerais no início dos Oitocentos, segundo a cartografia de Caetano Luiz de Miranda: informações fidedignas?". Disponível em: <https://periodicos.ufmg.br/index.php/mhnjb/article/view/19204/16281>. Acesso em: 11 out. 2020.

11. Ver sobretudo a análise do arcadismo como momento fundamental na criação de um *sistema literário* em Antonio Candido, *Formação da literatura brasileira: Momentos decisivos* (4. ed. São Paulo: Martins, [s.d.]), v. 1: 1750-1836 "Introdução", pp. 21-39, 1750-1836.

12. Sílvio Gabriel Diniz, "Um livreiro em Vila Rica no meado do século XVIII", *Kriterion*, pp. 47-8, jan.-jun. 1959; Luiz Carlos Villalta, *A torpeza diversificada dos vícios: Celibato, concubinato e casamento no mundo dos letrados de Minas Gerais* (São Paulo: FFLCH-USP, 1993 [Dissertação de Mestrado]); Id., "O que se fala e o que se lê: Língua, instrução e leitura", em Laura de Mello e Souza (Org.), *História da vida privada no Brasil: Cotidiano e vida privada na América portuguesa* (São Paulo: Companhia das Letras, 1997, v. 1).

13. Ver Eduardo Frieiro, *O diabo na livraria do Cônego* (2. ed. São Paulo: Edusp; Belo Horizonte: Itatiaia, 1981); Álvaro Araújo Antunes, *Fiat Justicia: Os advogados e a prática da justiça em Minas Gerais, 1750-1808*; Laura de Mello e Souza, "O ouro das estantes", *RAPM*, ano 48, pp. 54-63, 2012.

14. "Torno a ver-vos, ó montes", em *Obras poéticas de Cláudio Manuel da Costa*, op. cit., v. 1, p. 133.

15. Sérgio Alcides Pereira do Amaral, *Cláudio Manuel da Costa e a paisagem das Minas (1753-1773)* (São Paulo: Hucitec, 2003); Laura de Mello e Souza, *Cláudio Manuel da Costa*, op. cit. É conhecida e muito citada a frase de Sérgio Buarque de Holanda, "somos ainda hoje uns desterrados em nossa terra", em *Raízes do Brasil*, op. cit., p. 3.

16. Cláudio Manuel da Costa, "Carta dedicatória" ao poema *Vila Rica*, op. cit., v. 2, p. 150. Para a citação anterior, ver p. 147.

17. "Leia a posteridade, ó pátrio Rio", em *Obras poéticas de Cláudio Manuel da Costa*, op. cit., v. 1, p. 103.

18. Ver sobretudo os seguintes sonetos: "Este é o rio, a montanha é esta"; "Nise? Nise? Onde estás? Aonde espera?"; "Neste álamo sombrio, aonde a escura"; "Altas serras, que ao Céu estais servindo"; "Torno a ver-vos, ó montes; o

destino"; "Polir na guerra o bárbaro gentio"; "Destes penhascos fez a natureza". Ver ainda as seguintes éclogas: "Lísia" (ecl. IV); "Laura" (ecl. IX); "Dalizo" (ecl. XI). Em *Obras poéticas de Cláudio Manuel da Costa*, op. cit., v. 1, pp. 106, 109, 113, 131, 133, 144, 151, 223, 247 e 257.

19. Antonio Candido, "No limiar do novo estilo: Cláudio Manuel da Costa", em *Formação da literatura brasileira*, op. cit., pp. 88-106.

20. "Destes penhascos fez a natureza", em *Obras poéticas de Cláudio Manuel da Costa*, op. cit., v. 1, p. 151.

21. Stéphane Gal, op. cit., pp. 55, 65 ss.

22. "Polir na guerra o bárbaro gentio", em *Obras poéticas de Cláudio Manuel da Costa*, op. cit., v. 1, p. 144.

23. "Fábula do ribeirão do Carmo", em *Obras poéticas de Cláudio Manuel da Costa*, op. cit., v. 1, pp. 180-1. A citação anterior é de Sérgio Buarque de Holanda, "A Arcádia heroica", em *Capítulos de literatura colonial* (Org. e intr. de Antonio Candido. São Paulo: Brasiliense, 1992), p. 170. Para episódios ligados à vida do poeta, ver Laura de Mello e Souza, *Cláudio Manuel da Costa*, op. cit., passim. Para uma análise recente do poema, ver Sérgio Alcides Pereira do Amaral, "Fábula de Cláudio Manuel da Costa: Mineração e poesia em situação colonial", *Nova Economia*, v. 29, número especial, pp. 1398-1407, 2019. Disponível em: <http://dx.doi.org/10.1590/0103-6351/6153>. Acesso em: 18 abr. 2019.

24. "Fábula do ribeirão do Carmo", op. cit., p. 187.

25. "Arúncio" (écl. v), op. cit., p. 228. Sobre o desembargador José Gomes de Araújo, ver Cláudio Manuel da Costa, *Poemas escolhidos* (intr., sel. e notas de Péricles Eugênio da Silva Ramos. [s.l.]: Ediouro, [s.d.]), nota 89, página sem numeração. Para episódios ligados à vida do poeta, ver Laura de Mello e Souza, *Cláudio Manuel da Costa*, op. cit.

26. Um exemplo: "[…] se é exato que José Basílio da Gama existe hoje, para nós, graças unicamente a esse poema heroico (o *Uraguai*), de Cláudio Manuel da Costa se poderá dizer que ainda existe quase a despeito do seu (o *Vila Rica*)". Sérgio Buarque de Holanda, "A arcádia heroica", op. cit., p. 156.

27. A citação entre aspas é de Antonio Candido, "No limiar do novo estilo", op. cit., p. 92.

28. Cláudio Manuel da Costa, *Vila Rica*, op. cit., pp. 259-61.

29. Tomás Antônio Gonzaga, *Marília de Dirceu* (intr. de Manuel Cavalcanti Proença. [s.l.]: Ediouro, [s.d.]), Lira XV, pp. 34-5. Para a oposição entre o avarento e o jogador, Lira VI, pp. 21-2: "Sacode o jogador do copo os dados;/ E numa noite só, que ao sono rouba,/ Perde o resto dos bens, do pai herdados".

30. Ibid., Lira I, pp. 13-4; Lira V, pp. 19-21; Lira IX, pp. 24-5; Lira XVIII, pp. 39-40.

31. Ibid., Lira xxxvii, pp. 99-100.

32. Ibid., Lira iii, pp. 107-8. Trata-se do conhecido poema que começa com o verso: "Tu não verás, Marília, cem cativos", um dos mais belos da lírica de Dirceu. Para uma versão em que um dos versos aparece com ligeira variação, consultar Sérgio Buarque de Holanda (Org.), *Antologia dos poetas brasileiros da fase colonial* (São Paulo: Perspectiva, 1979), pp. 333-4; o historiador prefere a versão publicada em 1813 na revista *O Patriota*.

33. Tomás Antônio Gonzaga, op. cit., Lira vii, pp. 111-2. Ver também Lira viii, pp. 112-4.

34. Ver Oliveira Lima, *Aspectos da literatura colonial* (Rio de Janeiro: Francisco Alves; inl, 1984), parte v, "A escola mineira", pp. 207-86, 229.

35. Todas as referências em "Canto genetlíaco", feito em homenagem a José Tomás de Menezes, filho do conde de Cavaleiros, que governou Minas entre 1780 e 1783. Manuel Rodrigues Lapa, op. cit., pp. 33-8.

36. "Ode à rainha d. Maria i", em Manuel Rodrigues Lapa, op. cit., pp. 46-50. Para a interiorização da metrópole, ver Maria Odila Leite da Silva Dias, "A interiorização da metrópole", em *A interiorização da metrópole e outros estudos* (São Paulo: Alameda, 2005).

37. "Fragmento [...]", em Manuel Rodrigues Lapa, op. cit., p. 42 (grifo meu).

38. *ADIM*, v. 4, p. 96.

39. *ADIM*, v. 1, pp. 142-3.

40. *ADIM*, v. 3, p. 241.

41. *ADIM*, v. 1, p. 108.

42. *ADIM*, v. 1, p. 122.

43. *ADIM*, v. 4, p. 46.

44. *ADIM*, v. 1, pp. 168-9.

45. *ADIM*, v. 1, p. 108.

46. *ADIM*, v. 1, p. 122.

47. *ADIM*, v. 1, pp. 207-8.

48. *ADIM*, v. 1, p. 122.

49. *ADIM*, v. 1, p. 127.

50. *ADIM*, v. 1, p. 179.

51. Ver, entre outros, Luiz Carlos Villalta, *1789-1808: O império luso-brasileiro e os Brasis* (São Paulo: Companhia das Letras, 2000).

52. *ADIM*, v. 1, p. 185 (grifo meu).

53. *ADIM*, v. 2, p. 415.

54. *ADIM*, v. 2, p. 179.

55. Arquivo Histórico da Câmara Municipal de Serro do Frio, cx. 17, livro 2, "Registro Geral, 1791-1792", fl. 129.

56. José Vieira Couto, "Memória sobre a capitania de Minas Gerais, seu território, clima e produções metálicas; sobre a necessidade de se restabelecer e animar a mineração decadente do Brasil; sobre o comércio e exportação dos metais e interesses régios", *Revista do Instituto Histórico e Geográfico Brasileiro*, v. 11, n. 2848, pp. 289-335, citação à p. 291.

57. Ibid., p. 325.

58. Carlos Drummond de Andrade, "A palavra Minas", em *As impurezas do branco*, op. cit., p. 112.

EPÍLOGO — MITO, HISTÓRIA, PARAÍSO PERDIDO [pp. 119-36]

1. Pierre Vidal-Naquet, "Diodore et le Vieillard de Crète", prefácio a Diodoro de Sicília, *Naissance des dieux et des hommes* (intr., trad. e notas de Michel Casevitz, Paris: Les Belles Lettres, 1991, Bibliothèque Historique, livros I e II), p. xv. A obra de Bossuet que seria tributária de Diodoro de Sicília é evidentemente o *Discours sur l'Histoire Universelle* (1681), que emprestou deste, e não de Heródoto, o essencial de sua história do Egito.

2. Ibid., p. xxviii.

3. A Hidra de Lerna é um dos monstros engendrados pela união de Tifão e Equidna, os demais sendo Cérbero, a Quimera e a Esfinge. Catherine Salles, ao tratar do Jardim das Hespérides, considera a Hidra como a guardiã dos pomos dourados. Ver *La Mythologie grecque et romaine*, op. cit., p. 59.

4. Todas as referências em Timothy Gantz, *Mythes de la Grèce Archaïque* (Paris: Belin, 2004), p. 55. A variante segundo a qual Hera temia que as Hespérides se entregassem a uma lambiscagem ilícita das maçãs de ouro encontra-se em Hesíodo e em Ferécides de Siro (*c.* 480 a.C.).

5. A expressão é de Vidal-Naquet no seu prefácio já referido.

6. Diodoro de Sicília, *Mythologie des grecs*. Intr. de Philippe Borgeaud, "La Mythologie comme prélude à l'histoire". Paris: Les Belles Lettres, 1997, Bibliothèque Historique, livro IV.

7. Philippe Borgeaud, op. cit., p. x.

8. Diodoro de Sicília, op. cit., p. 48.

9. Ibid., p. 47.

10. Philippe Borgeaud, op. cit., p. xi.

11. Jean-Pierre Vernant, *L'Univers, les dieux, les hommes: Vernant raconte les mythes*. Paris: Seuil, 1999, p. 10.

12. Ovídio, *Les Métamorphoses* (trad., intr. e notas de Joseph Chamonard. Paris: Garnier-Flammarion, 1966). Sobre a imensa popularidade de Ovídio na

época das descobertas e depois — "No final do século XVI, lia-se o poeta tanto nos Alpes quanto no Brasil dos portugueses, tanto em Lima quanto na região da Bahia" —, ver o magnífico capítulo de Serge Gruzinski, "Ovide mexicain", em *La Pensée métisse* (Paris: Arthème Fayard, 1999), pp. 128-51, citação à p. 128.

13. Ovídio, op. cit, pp. 128-9.

14. Ibid., pp. 66-73.

15. "O termo Hespéria designa as regiões ocidentais do mundo. Segundo o caso, é empregado para designar ora a Itália, ora a Espanha, ora [...] os confins da terra, ao poente." Ovídio, op. cit., nota 80, p. 404 (nota de Joseph Chamonard).

16. Catherine Salles, op. cit., p. 243.

17. Para a representação de Ortelius, contida no mapa denominado *Africae Tabula Nova*, que integra o conjunto do seu *Atlas*, ver: <https://www.google.com/search?q=Atlas+de+Ortelius&sxsrf=ALeKk00ccIn_FUpQTa7Z72my-k1XY2qpNaA:1619538576783&tbm=isch&source=iu&ictx=1&fir=WFp-DaQwwGyQNJM%252CchXZXe-cxheDwM%252C%252Fm%252F01559m&vet=1&usg=AI4_-kSv1IXj16RPYdnSu3QwolEr_iQhHQ&sa=X&ved=2ahU-KEwjKv8as457wAhVoxoUKHVcRDewQ_B16BAgrEAI&biw=1440&bih=523#imgrc=AmEGp3YRihf5wM>. Ver igualmente: <https://www.davidrumsey.com/luna/servlet/detail/RUMSEY~8~1~275230~90048535>. Para o mapa de Johannes Janssonius, denominado *Insulae de Cabo Verde olim Hesperides, sive Gorgades: Belgice de Zoute Eylanden* e que intregra seu *Atlas Maritimus*, ou *Atlas Novus*, ver: <https://www.vintage-maps.com/en/antique-maps/oceans/atlantic--ocean/janssonius-atlantic-ocean-cape-verde-islands-cabo-verde::11916>. Agradeço a Iris Kantor, a quem devo estas referências.

18. Serge Gruzinski, *Les Quatre Parties du monde: Histoire d'une mondialisation*. Paris: Martinière, 2004.

19. Sérgio Buarque de Holanda, *Visão do Paraíso*, op. cit., passim.

20. Ibid., cap. 7, "Paraíso perdido", pp. 226-73.

21. Ibid., citações às pp. 258, 260 e 273.

22. Hal Langfur, *The Forbidden Lands*, op. cit., p. 11.

23. Alguns exemplos: Márcio Roberto Alves dos Santos, op. cit.; Junia Furtado, "As Índias do conhecimento", op. cit.; Id., "Chuva de estrelas na terra: O Paraíso e a busca dos diamantes nas Minas setecentistas", em *História e meio ambiente: O impacto da expansão europeia* (Funchal: CEHA, 1999); Marco Antonio Silveira, *A colonização como guerra: Conquista e razão de Estado na América Portuguesa (1640-1808)* (Curitiba: Appris, 2019); Márcia Amantino, op. cit.; Francisco Eduardo de Andrade, op. cit.; Francisco Eduardo Pinto, *A Hidra de sete bocas: Sesmeiros e posseiros em conflito no povoamento das Minas Gerais (1750-1822)* (Juiz de Fora: Editora UFJF, 2014).

24. Parafraseio aqui Sérgio Buarque de Holanda no último parágrafo de *Visão do Paraíso*, op. cit., p. 469.

25. Diogo de Vasconcelos, *História antiga de Minas Gerais*, op. cit., pp. 3-4.

26. Transcrito por Rodrigo Machado da Silva, "O Heródoto mineiro", op. cit.

27. Diogo de Vasconcelos, *História antiga de Minas Gerais*, op. cit., p. 3.

28. Citado em Rodrigo Machado da Silva, op. cit., pp. 261-2.

29. Diogo de Vasconcelos, *História média de Minas Gerais*, op. cit., "Aos leitores", p. 4.

30. Ibid.

31. Id., *História antiga de Minas Gerais*, op. cit., p. 64.

32. Ibid., citações às pp. 64 e 80.

33. Ibid., p. 84.

34. O conceito de *mentalidade* foi muito criticado a partir dos anos 1980, e sob vários aspectos com razão. Não cabe aqui citar a vasta bibliografia a respeito, com a qual concordo em boa parte. Contudo, parece-me que, neste caso, justifica-se o seu uso.

35. Philippe Ariès, *Essais sur l'histoire de la mort en Occident: Du Moyen Âge à nos jours* (Paris: Seuil, 1975), parte I, "Les Attitudes devant la mort", pp. 15-75. Penso sobretudo nas obras de Fernand Braudel, admirável exemplo do entrelaçamento de tempos históricos distintos: *Civilisation matérielle, économie et capitalisme (XVᵉ-XVIIIᵉ siècles)* (Paris: Armand Colin, 1979, 3 v.); *La Méditerranée et le monde méditérranéen à l'époque de Philippe II* (Paris: Armand Colin, 1949).

Créditos das imagens

AO LONGO DO TEXTO

pp. 23-4: Biblioteca Nacional da França/ Departamento de Manuscritos. Português 6

pp. 40-1: Biblioteca Real de Turim

p. 83: Instituto Estrada Real

p. 97: Fundação Biblioteca Nacional — Brasil

p. 98: Arquivo Público Mineiro

pp. 99-101: Arquivo do Exército, Rio de Janeiro (reprodução de Tibério França)

p. 102: Arquivo do Exército, Rio de Janeiro (reprodução de Jaime Acioli)

p. 103: World Digital Library

pp. 124-5: Koninklijke Bibliotheek/ Wikimedia Commons

p. 127: Götzfried Antique Maps

NO CADERNO DE IMAGENS

p. 1: The Trustees of the British Museum (acima) e Alamy/ Fotoarena (abaixo)

p. 2: RMN-Grand Palais/ René-Gabriel Ojeda

p. 3: Fine Art Images/ Easypix Brasil

Índice onomástico

Abastecimento da capitania de Minas Gerais no século XVIII, O (Zemella), 143*n*

Abre Campo, 65

Abreu, José Rodrigues, 31, 38

Acker, Antoine, 14

Águas urbanas: Fornecimento e usos cotidianos da água em Mariana, Minas Gerais (1735-1808) (Tedeschi), 151*n*

Albernaz, João Teixeira, 22-4

Albernoz, Salvador de Faria, 32

Aleijadinho *ver* Lisboa, Antônio Francisco

Almeida, d. Pedro (conde de Assumar), 35, 47, 84

Alvarenga Peixoto, Inácio José de, 28, 89, 94, 109, 111-2

Amazonas, rio, 39

Anais de História de Além-Mar (Furtado), 140*n*

Análise e Conjuntura: Inconfidência Mineira e Revolução Francesa — Bicentenário: 1789-1989 (Ávila et al.), 149*n*

Andrada e Silva, José Bonifácio de, 67

Anhanguera *ver* Bueno da Silva, Bartolomeu

Antologia dos poetas brasileiros da fase colonial (Buarque de Holanda), 158*n*

Antonil, André João (jesuíta), 45

Apolônio de Rodes, 121

Araújo, José Gomes de, 108

Argonáuticas (Apolônio de Rodes), 121

Arquivo Público Mineiro, 130*n*

Aspectos da literatura colonial (Oliveira Lima), 158*n*

Association pour la Recherche sur le Brésil en Europe (Arbre), 14

Assumar, conde de *ver* Almeida, d. Pedro

Ataíde, Manuel da Costa, 95

165

Atlas (deus grego), 120-1

Autos de Devassa da Inconfidência Mineira, 154n

Bahia, 88

Biblioteca histórica (Diodoro de Sicília), 120, 122

Blaeu, Willem Janszoon, 39

Bobadela, conde de, 104

Bodin, Jean, 47

Borba Gato, Manuel de, 61

Borgeaud, Philippe, 122

Bossuet, Jacques-Bénigne, 119

Brito Malheiro, Basílio de, 114

Buarque de Holanda, Sérgio, 21, 36, 41, 126

Bueno, Bartolomeu, 42, 46, 72-3

Bueno da Silva, Bartolomeu (o Moço), 22

Cabo Verde, 124-7

Camargos, Pedro de, 25

Caminhos e fronteiras (Buarque de Holanda), 146n

Camões, Luís de, 126

Campos, Francisco, 15, 129

Candido, Antonio, 106

Canto genetlíaco, 158n

Canto genetlíaco (Alvarenga Peixoto), 28, 111

Capítulos de expansão paulista (Buarque de Holanda), 138n

Capítulos de literatura colonial (Buarque de Holanda), 157n

Cardoso de Almeida, Matias, 132n

Cardoso de Souza, Antônio, 26, 34-5, 53, 56

Carmo, ribeirão do, 105

Carta geográfica da capitania de Minas Gerais (Miranda), 102

Cartografia da promessa: Potosi e o Brasil em um continente chamado Peruana (Doré), 23, 139n

Cartografia das Minas Gerais: Da capitania à província (Costa et al.), 146n

Casa da Casca, 28

Casas, Bartolomeu de las, 119

Castel Blanco, d. Rodrigo de, 61

Chaves, Pedro Gomes, 68

Ciência e política: Ler nos finais do Antigo Regime (Lisboa), 152n

Civilisation matérielle, économie et capitalisme (XVᵉ-XVIIIᵉ siècles) (Braudel), 161n

Cláudio Manuel da Costa: O letrado dividido (Mello e Souza), 151n, 156-7n

Cláudio Manuel da Costa e a paisagem das Minas (Amaral), 156n

Códice Costa Matoso, 25, 32, 42, 139n, 143n, 153n

Coelho de Carvalho, Antônio de Albuquerque, 82, 90, 131n

Colonização como guerra, A (Silveira), 160n

Conceição do Mato Dentro, 85

Congonhas do Campo, 95

Continente rústico: Abastecimento alimentar nas Minas Gerais setecentistas, O (Meneses), 151n

Coronelli, Vincenzo, 21

Corrêa de Toledo, Félix, 91

Correia, padre, 89

Costa, Cláudio Manuel da, 28, 30-1, 36, 45, 58, 61, 63, 68, 72-3, 75, 77-8, 100, 104-8, 134n

Coutinha, Rosa Maria de Araújo, 86

Cruz, d. Frei Manuel da, 48

Cuieté, 15, 25-6, 28-9, 52, 56, 66, 74, 77

Cultura e opulência do Brasil por suas drogas e minas (Antonil), 143n

De José Joaquim da Rocha a Frederich Wagner: Civilização, nativos e colonos nas representações cartográficas dos sertões leste de Minas Gerais (1778-1855) (Mundim), 145n

Détail du monde: L'Art perdu de la description de la nature, Le (Bertrand), 152n

Diabo na livraria do Cônego, O (Frieiro), 156n

Dias Pais, Fernão, 20, 25, 31, 132n

Diodoro de Sicília (Diodoro Sículo), 119, 121-2

Discours sur l'Histoire Universelle (Bossuet), 159n

Discurso histórico e político (Assumar), 35

Discurso sobre o melhoramento da economia rústica do Brasil pela introdução do arado, reforma das fornalhas e conservação de suas matas etc. (Navarro), 154n

Do sertão ao território das Minas Gerais: Entradas e bandeiras, política territorial e formação espacial no período colonial (Carneiro), 153n

Doce, rio, 25, 27, 29, 35, 52-3, 61-2, 65, 74

Doré, Andréa, 21, 23-4

Drummond de Andrade, Carlos, 117, 119

Duguay-Trouin, René, 131n

École des Hautes Études en Sciences Sociales (EHESS), 14

Espelho de cem faces: O universo relacional de um advogado setecentista (Antunes), 151n

Espinhaço, serra do, 43

Espírito Santo, capitania do, 27

Essais sur l'histoire de la mort en Occident: Du Moyen Âge à nos jours (Ariès), 161n

Eurípedes, 120-1

Euristeu, 121

Expedição aos Martírios... (Marins), 139n

Faetonte (deus grego), 123

Fiat Justicia: Os advogados e a prática da justiça em Minas Gerais (Antunes), 151n, 156n

Fídias, 121

Folclore dos bandeirantes (Ribeiro), 147n

Forbidden Lands: Colonial Identity, Frontier Violence, and Persistence of Brazil's Eastern Indians, 1750--1830, The (Langfur), 145n, 147n, 150n, 160n

Formação da literatura brasileira: Momentos decisivos (Candido), 156-7n

Frutas do Brasil numa nova e ascética Monarquia, consagrada à Santíssima Senhora do Rosário (Rosário), 141n

"Fundamento histórico" (Costa), 72-3

Furtado, Francisco Xavier de Mendonça, 71

Furtado, Junia, 38, 96, 100

Gama, Basílio da, 111

Gandavo, Pero de Magalhães, 26

Garcia, Aleixo, 21

Gentios brasílicos: Índios coloniais em Minas Gerais setecentista (Resende), 147n

Geografia histórica da capitania de Minas Gerais (Rocha), 148n, 150n

Goiás, 22, 24, 65

Gonçalves, Bernardo, 86

Gonzaga, Tomás Antônio, 89, 108, 110--1

Grande, rio, 16

Gruzinski, Serge, 126n

Guaratinguetá, 68

Guedes, Manuel Caetano Monteiro, 30

Hélio (deus grego), 123

Henequim, Pedro de Rates, 40-1

Hércules (deus grego), 16, 121, 123

Hércules furioso (Eurípedes), 120-1

Herege vai ao Paraíso: Cosmologia de um ex-colono condenado pela Inquisição (1680-1744), Um (Gomes), 142n

Heródoto, 119

Hesíodo, 119-20

Hespérides (deusas gregas), 121, 123; Jardim das, 16, 120, 122, 135; mito das, 123, 126, 135

Hespéris (deusa grega), 120

Hidra de sete bocas: Sesmeiros e possei-ros em conflito no povoamento das Minas Gerais, A (Pinto), 160n

Histoires verticales: Les Usages politiques et culturelles de la montagne (XIVᵉ-XVIIIᵉ siècles) (Gal), 142-3n

História antiga de Minas Gerais (Vasconcelos), 5, 15, 129-31, 137n, 142n, 161n, 163n

História da América portuguesa desde o ano de mil e quinhentos do seu descobrimento, até o de mil, setecentos e vinte e quatro (Pita), 141n

História da vida privada no Brasil: Cotidiano e vida privada na América portuguesa (Mello e Souza), 156n

História de um país inexistente: O Pantanal entre os séculos XVI e XVIII (Costa), 142n

História do Brasil nos velhos mapas (Cortesão), 146n

História e meio ambiente: O impacto da expansão europeia (Furtado), 160n

História média de Minas Gerais (Vasconcelos), 130-1, 153n, 161n

Historiologia médica, fundada e estabelecida nos princípios de George Ernesto Stahl (Abreu), 38, 140n

Holtz, Joan, 39

Homem e o mundo natural, O (Thomas), 151n

Iberian World: 1450-1820, The (Bouza et al.), 152n

Igreja, Iluminismo e escolas mineiras coloniais (Carrato), 148n

Império luso-brasileiro e os Brasis, O (Villalta), 158n

Impurezas do branco, As (Drummond de Andrade), 138n, 150n, 159n

Inconfidência Mineira, 13, 116, 131

Indaiá, rio, 85

Instituto Histórico e Geográfico de Minas Gerais, 129-30

Instrução para o governo da capitania de Minas Gerais (Teixeira Coelho), 72

Interiorização da metrópole e outros estudos, A (Silva Dias), 158n

Invenção das Minas Gerais: Empresas, descobrimentos e entradas nos sertões do ouro da América portuguesa, A (Andrade), 138-9n

Investigação da natureza no Brasil colônia, A (Brzenski), 152n

Itamonte, 30

Janssonius, Johannes, 39, 126-7

Japoranã, rio, 26

Jequitinhonha, rio, 70

Julio César, 119

Lancastre, d. João de, 88

Langfur, Hal, 77, 127

Lavanha, João Baptista, 22, 40

Lavradio, marquês do, 57

Legenda áurea: Vidas de santos (Varezze), 148n

Légende de Saint Julien l'Hospitalier de Flaubert, La (Souza-Cardoso), 148n

Leme da Silva, José, 65

Lisboa, Antônio Francisco (Aleijadinho), 94-5

Lobo da Silva, Luís Diogo, 33, 56, 65, 71

Lobo de Mesquita, Joaquim Emerico, 94

Lopes, João, 86

Lucânio, 121

Machado, Francisco Xavier, 89

Maciel, José Álvares, 113

Maranhão, rio, 39

Marcela, serra da, 36

Maria i, d., 59, 112

Mariana, 48-9, 87, 95, 99

Marília de Dirceu (Gonzaga), 157n

Martírios, serra dos, 22, 25

Martius, Carl Friedrich, 36, 92

Mato Grosso, 24

Méditerranée et le monde méditérranéen à l'époque de Philippe II, La (Braudel), 161n

Melo e Castro, Martinho de, 77

Memória histórica da capitania de Minas Gerais (Rocha), 72, 79

Mendonça, Martinho de, 35

Menezes, d. José Luís de (conde de Valadares), 26-7, 34-5, 53, 65, 74, 80-1, 86, 88

Menezes, d. Rodrigo José de, 77, 87

Menezes, Luís da Cunha, 62, 87

Metamorfoses (Ovídio), 123, 159n

Minas e currais: Produção rural e mercado interno de Minas Gerais (1674-1807) (Carrara), 147n

Minas Gerais, As (Latif), 139-40n, 152n

Minas imaginárias: O maravilhoso geográfico nas representações sobre o sertão da América portuguesa, séculos XVI-XIX (Delvaux), 141*n*

Miranda, Caetano Luiz de, 102

Mitos, emblemas, sinais (Ginzburg), 146*n*

Modos de governar: Ideias e práticas políticas no Império Português (séculos XVI-XIX) (Bicalho e Ferlini), 140*n*

Moniz da Costa, Manuel, 52

Moreira, Delfim, 130

Moritiba, 32

Morro Grande, 93

Motta, João Dias da, 88

Mourão, Luís Antônio de Sousa Botelho, 33

Mundo das feras: Os moradores do sertão oeste de Minas Gerais, século XVIII, O (Amantino), 145*n*

Mythes de la Grèce Archaïque (Gantz), 159*n*

Mythologie des Grecs (Diodoro de Sicília), 159*n*

Mythologie grecque et romaine, La (Salles), 138*n*, 159*n*, 163*n*

Naissance des dieux et des hommes (Diodoro de Sicília), 159*n*

Natureza política das Minas: Mineração, sociedade e ambiente no século XVIII, A (Capanema), 143*n*

Navarro, José Gregório de Moraes, 90

Negros e viajantes estrangeiros em Minas Gerais, século XIX (Leite), 153*n*

Noronha, d. Antônio de, 29, 57, 74-5, 88

Noticias curiosas, e necessarias das cousas do Brasil (Vasconcelos), 142*n*

Notícias soteropolitanas e brasílicas (Vilhena), 147*n*

Obras poéticas de Cláudio Manuel da Costa (Ribeiro), 140*n*, 147*n*, 156-7*n*

"Ode à rainha d. Maria I" (Alvarenga Peixoto), 94, 112, 158*n*

Olinda restaurada: Guerra e açúcar no Nordeste, 1630-1654 (Mello), 146*n*

Oliveira, José de Alcântara Machado de, 66

Oliveira, José Roiz de, 84

Oliveira Campos, Inácio de, 27

Oliveira Lopes, Antônio de, 113

Onze Mil Virgens, rio das, 51

Ortelius, Abraão, 123-5

Ottoni, José Elói, 73

Ouro Preto (comarca), 65-6, 68, 132

Pais, Garcia Rodrigues, 25, 28, 82

Pamplona, Inácio Correia, 33-4, 36, 49, 51-2, 54, 56, 60, 64, 92, 134

Paracatu (comarca), 27, 54, 65

Paraguai, rio, 39

Paraná, rio, 22

Paraopeba, rio, 49

Passeurs, mediadores culturales y agentes de la primera globalización en el Mundo Ibérico, siglos XVI-XIX (Godoy e Salazar-Soler), 141*n*

Pausânias, 121

Peixe, rio do, 52

Pensée métisse, La (Gruzinski), 160*n*

Pereira da Silva, Felix, 30

Pereira de Sousa, João da Silva, 56
Perseu (deus grego), 123
Peru, 19, 21-2
Piracuara, lagoa, 35
Pires de Campos, Antônio, 22
Pitangui, 27
Platão, 120
Poemas escolhidos (Costa), 157*n*
Políbio, 120
Ponte Nova, 65
Potosi, Peru, 19, 21-4
Prata, rio da, 39
Processo civilizador, O (Elias), 149*n*
Prodigiosa lagoa descuberta nas Congonhas das Minas do Sabará, que tem curado a varias pessoas dos achaques, que nesta relação se expõem (Miranda), 141*n*
Projetos para o Brasil (Andrada e Silva), 67

Quatre parties du monde: Histoire d'une mondialisation, Les (Gruzinski), 160*n*

Raízes do Brasil (Buarque de Holanda), 140*n*, 156*n*
Relatos monçoeiros (Taunay), 148*n*
República (Bodin), 47
Ribeiro, José Pereira, 104
Rio das Mortes (comarca), 54, 62, 68, 71, 99, 116
Rio das Velhas (comarca), 65-6, 84, 96
Rio de Janeiro, 98
Rios e fronteiras: Conquista e ocupação do sertão baiano (Santos), 145*n*
Rivières, de l'or et des fontaines: Politique des eaux au XVIII siècle à Vila Rica* (*Minas Gerais, Brésil), Des* (Carle), 151*n*
Rocha, José Joaquim da, 37, 53, 62, 71-2, 79, 96-103
Roiz, Simão, 56
Rolim de Moura, d. Antônio, 62

Sabará (comarca), 30, 49, 54, 65, 71, 79, 96-8, 116
Sabarabuçu, serra de, 20-1, 24-5
Saint-Hilaire, Auguste de, 54
Saint-Pierre, Bernardin de, 81
Salinero, Gregorio, 14
Sampaio, Antônio Vieira de, 50
Santa Rita Durão, frei, 111
São Francisco, rio, 21, 31-3, 39, 51-2, 54, 62, 65, 68, 96, 132
São João del-Rei (comarca), 65, 68, 79
São José del-Rei (vila), 65, 79
Sêneca, 121
Serro do Frio (comarca), 30-1, 45, 54, 68, 70-1, 100-1
Sertão itinerante: Expedições da capitania de São Paulo no século XVIII, O (Kok), 143*n*
Sexualidade, família e religião na colonização do Brasil (Silva), 148*n*
Silveira, d. Brás Baltazar da, 90
Six Livres de la République, Les (Bodin), 143*n*
Sófocles, 121
Sorbonne, 14
Souza, Antônio Cardoso de, 75
Spix, Johann Baptiste von, 36, 92

Teixeira, Luís, 22, 39-40
Teixeira Coelho, José João, 37, 72, 78, 90

Tejo, rio, 110

Teogonia (Hesíodo), 119-20

Terres aux villes de l'or: Pouvoirs et territoires urbains au Minas Gerais, Des (Fonseca), 145n, 151n

Theatrum Orbis Terrarum (Ortelius), 123

Tiradentes, 89, 113-4

Toponímia de Minas Gerais (Costa), 148n

Torpeza diversificada dos vícios: Celibato, concubinato e casamento no mundo dos letrados de Minas Gerais, A (Villalta), 156n

Traquínias (Sófocles), 121

Três contos (Flaubert), 148n

Tucídides, 119

Univers, les dieux, les hommes: Vernant raconte les mythes, L' (Vernant), 159n

Urucuia, rio, 62

Valadares, conde de *ver* Menezes, d. José Luís de

Varginha do Lourenço, 89

Vasconcelos, Diogo de, 5, 15-6, 43, 73, 81, 128, 130-2, 134-5

Vasconcelos, padre Simão de, 39

Velhas, rio das, 20, 27, 43, 49, 65, 85, 91, 108

Veloso, Vitoriano Gonçalves, 89

Vernant, Jean-Pierre, 122

"Viagem de Sabará" (Drummond de Andrade), 119

Viagem pelo Brasil (Spix e Martius), 155n

Vicente, Gil, 19

Vida e morte do bandeirante (Alcântara Machado), 139n, 149n

Vida e obra de Alvarenga Peixoto (Lapa), 140n, 158n

Vidal Barbosa, Domingos, 113

Vidal-Naquet, Pierre, 120

Vide, d. Sebastião Monteiro de, 32

Vieira, José Gonçalves, 65

Vieira Couto, José, 24, 35, 42-4, 51-2, 55, 73, 78-80, 85, 91-2, 115-6

Vieira da Silva, Luís, 104

Vila do Príncipe, 91, 115

Vila do Ribeirão do Carmo, 48-9

Vila Real (comarca), 68

Vila Rica (comarca), 68, 71-2, 87, 92-3, 98-100, 103, 116, 131, 150n

Vila Rica (poema de Cláudio Manuel da Costa), 61, 104, 108, 134

Visão do Paraíso: Os motivos edênicos no descobrimento e colonização do Brasil (Buarque de Holanda), 138-9n, 141n, 160-1n

Visscher, Nicolaes, 39

Voyage à l'Ile de France (Saint-Pierre), 151n

Voyage dans les provinces de Rio de Janeiro et de Minas Geraes (Saint-Hilaire), 145n

Vupabuçu, lagoa de, 22

ESTA OBRA FOI COMPOSTA EM MINION PELO ACQUA ESTÚDIO E IMPRESSA EM OFSETE PELA LIS GRÁFICA SOBRE PAPEL PÓLEN SOFT DA SUZANO S.A. PARA A EDITORA SCHWARCZ EM DEZEMBRO DE 2022.

A marca FSC® é a garantia de que a madeira utilizada na fabricação do papel deste livro provém de florestas que foram gerenciadas de maneira ambientalmente correta, socialmente justa e economicamente viável, além de outras fontes de origem controlada.